职业院校新形态
通识教育系列教材

U0734046

职业认知
与职业教育通识
（微课版）

胡辉平　王冬梅◎主编

赵荣荣◎副主编

VOCATIONAL
EDUCATION

人民邮电出版社

北　京

图书在版编目（CIP）数据

职业认知与职业教育通识 : 微课版 / 胡辉平，王冬
梅主编. -- 北京 : 人民邮电出版社，2025. --（职业院
校新形态通识教育系列教材）. -- ISBN 978-7-115
-68057-0

Ⅰ. G717.38

中国国家版本馆 CIP 数据核字第 2025CP4953 号

内 容 提 要

　　本书以"职业认知"与"职业教育"为核心主题，通过项目化编写模式构建了 9 个循序渐进的学习模块，从"职业启蒙"切入，引导读者认知职业的本质，了解不同职业的发展历史，体验不同职业的工作场景，追溯职业教育的起源及其发展脉络，系统解析现代职业教育体系以及职业教育的办学理念、办学特色和发展前景等。

　　本书建立起项目式架构，以真实职业场景为依托，逐步形成完整的学习路径。读者不仅能深入认知、体验不同职业，还能深刻领悟职业教育与普通教育"不同类型、同等重要"的类型定位，切身感受职业和职业教育的魅力，从而实现从认知职业，到热爱职业教育、投身真实职场的自然衔接和完美跨越。

　　本书可作为职业院校的通识教育教材和普通中小学的职业启蒙与职业生涯规划课程辅助用书，也可作为职业教育工作者的参考读物，同时可供其他对职业发展与职业教育改革感兴趣的社会人士使用。

　◆ 主　　编　胡辉平　王冬梅

　　副 主 编　赵荣荣

　　责任编辑　姚雨佳

　　责任印制　王　郁　彭志环

　◆ 人民邮电出版社出版发行　　北京市丰台区成寿寺路 11 号

　　邮编　100164　电子邮件　315@ptpress.com.cn

　　网址　https://www.ptpress.com.cn

　　北京市艺辉印刷有限公司印刷

　◆ 开本：787×1092　1/16

　　印张：10.75　　　　　　　　　2025 年 9 月第 1 版

　　字数：223 千字　　　　　　　 2025 年 9 月北京第 1 次印刷

定价：46.00 元

读者服务热线：(010)81055256　印装质量热线：(010)81055316
反盗版热线：(010)81055315

前　言

随着社会对高素质技术技能人才的需求不断增长，职业教育的重要性日益凸显。本书承担着帮助学生了解职业的历史、参与职业体验、增强职业认同感、了解职业教育的重要功能。针对当前职业教育领域中存在的认知启蒙滞后、认知深度不足、体验路径缺乏等现实问题，本书遵循渐进式设计思路，致力于增强学生对职业的系统认知。

本书围绕职业的起源与变迁，突出"跨时空分析、故事化表达、活动式学习、系统化推进"四大特征，强调知识获取与实践体验的深度融合。此外，本书通过典型的人物案例、真实的职业故事、有趣的随堂活动等形式，激发学生探索职业世界的兴趣，帮助学生形成基本的职业意识与职业精神，增强学生对职业教育的类型特征和发展前景的认知，为学生未来就业奠定坚实的基础。

本书的总学时为36学时，讲授及实践各18学时，具体见表1。

表1　　　　　　　　　　　　　学时分配表

项目编号	项目名称	讲授学时	实践学时
项目一	职业启蒙	2	2
项目二	职业认知	2	2
项目三	职业体验	2	2
项目四	职业教育的起源与发展	2	2
项目五	横向融通、纵向贯通的现代职业教育体系	2	2
项目六	职业教育的办学理念	2	2
项目七	职业教育的办学特色	2	2
项目八	合适的教育就是最好的教育	2	2
项目九	职业教育前途广阔、大有可为	2	2

  本书由胡辉平、王冬梅担任主编，其中，胡辉平负责主持项目整体框架设计和全书审稿工作，并编写项目六，王冬梅负责协调编写和统稿工作，并编写项目五；本书由赵荣荣担任副主编并编写项目四。参与本书编写的还有谢暴、孔祥喆、喻言、王娟、唐戍、吴文胜，其中唐戍编写项目一和项目二，谢暴编写项目三，王娟编写项目七，孔祥喆、喻言编写项目八，吴文胜、孔祥喆、喻言编写项目九。

  由于编者水平有限，书中难免存在不足之处，敬请广大同行与读者批评指正。

编 者
2025年7月

CONTENTS

目 录

项目一
职业启蒙

学习目标 ↓

1. 了解职业的变迁。
2. 初步认知职业的概念。

任务一　探寻职业的起源

🔀 情境导入　　　　**从用石头到用电脑：职业的奇妙"进化"史**

　　你有没有想过，为什么现在有这么多不同的职业？比如救死扶伤的医生，写代码的程序员，冲进火场救人的消防员。其实这些职业就像见证人类文明发展的活化石，每一种职业的出现都藏着一段耐人寻味的故事。让我们坐上时光机，回到数万年前看看职业是怎么诞生的……

　　1. 为了满足需求，产生"职业分工"

　　在坦桑尼亚的奥杜威峡谷，考古学家发现了砍砸石器。我们不妨想象一下，多年之前，人类祖先正拿着这种石器努力砸开采集到的坚果充饥。有一天，他发现隔壁部落的壮汉会用燧石打出更锋利的石片，于是他用坚果换对方的石片。这可以看作早期的"职业分工"：有人专门打石片，有人负责采集果子。

　　2. 种植带来的变化：职业"大爆炸"

　　野生小麦的种子原本随风散落，难以采集，直到某个未知的天才发现者注意到那些种子不易脱落的突变植株，把这种植株的种子种在地里，第二年就能收获更多小麦。这个发现彻底改变了当地人的生活方式。他们开始定居，这导致职业像雨后春笋般涌现：有人专门做陶器（最早的"手艺人"），有人负责盖房子（原始"建筑师"），还有人当祭司（最早的"心理咨询师"）。

　　无独有偶，在文化底蕴深厚的古代中国，也出现过一些职业的雏形。在古代，有人负责观测天象（相当于天文工作者），有人负责管理粮仓（早期的后勤管理人员），还有人专职驯养动物（类似动物饲养员）。

3．工业时代的职业革命：新兴职业的崛起

工业革命以来的技术变革史，本质上是一部职业形态的"进化"史。生产工具革新催生了机械工程师（设计蒸汽机）、纺织机械操作员；生产组织变革催生了流水线监工；交通工具迭代催生了火车司机、轮船修理员等。这些职业共同构成了第一次工业革命时期的劳动力图谱。

第二次工业革命则使职业变化规律更复杂：由于能源系统更新，电网架构师取代蒸汽工程师；由于产业升级，汽车装配技师随内燃机普及出现；由于材料创新，合成染料研发员产生。值得注意的是，此时已出现明显的技能转型趋势——原蒸汽机维修员通过再培训成为电力系统工程师。

这种"技术突破→产业变革→职业变化"的规律，在数字时代仍持续生效。理解这种规律，有助于我们预判未来AI革命可能催生的新型职业形态。

4．数字时代的职业"变形"记

同学们可能对电话接线员、BP机寻呼员感到陌生，但这些职业正是通信技术发展的重要见证。在智能手机普及前（20世纪90年代至21世纪初），这类人工操作岗位曾与通信交换机系统紧密配合，构成了当时的通信服务网络。随着自动化技术（如程控交换机、语音识别系统）的成熟，这些传统职业在2005—2015年逐渐消失。

技术变革总是伴随着职业形态的更新。2010年后，电子商务的爆发式增长，催生了三大典型新职业：直播场控人员（实时管理弹幕互动与礼物系统）、短视频剪辑师（负责内容二次创作）、大数据标注员（为AI训练提供结构化数据）。值得注意的是，这些职业在2005年时尚未出现任何雏形。

展望2025年后的就业市场，技术迭代将催生更超乎人类想象的岗位，如AI创作导师（提升生成式AI的叙事能力）、数字时装设计师（构建虚拟世界服饰体系）等。

【思考题】

1．为什么会出现职业？

2．有哪些传统职业还继续存在？

"职业"一词由"职"和"业"两个字组合而成。在汉语中，"职"指责任、职务，强调个人在岗位上的职责；"业"则指行业、业务或事业，代表工作的领域或范围。职业是指人们在社会生活中从事的作为主要生活来源，并能满足精神需求的工作。职业是生产力发展和社会分工的产物，也是人生的舞台，每一份职业都具有独特的意义和价值。

一、职业的萌芽

职业的诞生，本质上标志着人类从"谋求生存"向"社会协作"迈出了第一步。虽然原始社会的职业形态简单粗糙，但它们像种子一样，生长出了现代社会分工体系的根茎。职业是生产力发展到一定阶段，随着社会分工的产生而出现的，是社会分工的产物。职业从原始社会就开始萌芽，那时候生产力十分低下，人们为了生存需要从事狩猎、采集、种植等基本劳动。在原始部落，青壮年男性组成小队外出打猎，青壮年女性则带着孩子采集野果、缝制兽皮，老人负责照看火堆和制作工具。这种分工不是谁规定的，而是基于需求自然形成的。考古学家发现，在距今3万～70万年前的北京周口店遗址中，男性遗骸旁常伴有石矛、石斧等狩猎工具，而女性遗骸附近则有研磨植物种子的石器。这说明早期人类已根据生理特点分工——男性负责狩猎，女性负责采集和加工植物种子。这种分工让部落整体的食物获取效率提升了许多。

早期人类用简陋的石器、棍棒等生产工具，采用粗放的耕作方法，从事简单的活动，这也许就是最早的农业。人类偶然发现撒落在地上的种子会自行生长，从而开启了农业革命。最早的农民可能是一群爱观察和探索的人：他们反复试验哪些植物容易种植，研究如何用石头打磨农具，甚至发现洪水退去后留下的淤泥能让庄稼长得更好。

在中国贾湖遗址，考古学家发现了碳化的稻谷和专门用于耕作的石铲。这些工具比普通石器更精致，说明有人开始花大量时间研究"如何种地"。不过当时的农民还不算全职，他们可能旱季种地、雨季打猎，就像现代的兼职人员。

动物的血肉及毛皮是早期人类生存的必需品，所以狩猎成为必要的活动。同时为抵御野兽和应对部落冲突，一部分身强力壮的人还负有保护同类的任务，这催生了一些新角色。法国拉斯科洞窟壁画就清晰地呈现了原始人围猎的场景。这种协作捕猎的技巧，后来演变成战斗技能。在甘肃东乡林家遗址（马家窑文化）出土的青铜刀被称为"中华第一刀"，通过测定，它在公元前3280—公元前2740年被制造而成，这说明当时的人们可以制造出武器，而这类武器的使用者很可能就是最早的"战士"。

原始社会的商业活动始于以物易物，但这种交易方式存在显著缺陷：交易双方的需求必须完全匹配。例如，交易者用兽皮交换陶罐时，若对方仅需粮食，交易者就不得不先寻找第三方换取粮食再交换陶罐，这导致交易效率低下。为解决这一问题，人们逐渐采用特定物品作为交易媒介。考古资料显示，贝壳、银块等物品最早承担了这一职能。贵金属（如黄金、白银）因其稀缺性、可分割性和耐久性，最终成为主流的一般等价物。这些被普遍接受的交易媒介演变为原始货币，其使用标志着金融活动的萌芽。货币的出现不仅提高了交易效率，更催生了专门从事商品流通的商人群体。

考古发现表明，人类早期社会已出现专业分工。良渚文化遗址出土的玉器需连续打磨雕刻数月才能制成，此类精细工艺只能由专职匠人完成。大汶口文化遗址出土的大口尊上刻有日月火符号，学界普遍认为这些符号用于标识二分二至（春分、秋分、夏至、冬至）以指导农时，这表明当时已存在专门观测天象的人员，他们通过星辰位置判断播种时节。这些发现证实，专业技术人员在人类文明早期就已出现。

当时的职业虽然有了分工苗头，但和现代职业有本质区别，这时只存在以性别、年龄为基础的自然劳动分工，尚未形成严格意义上的社会劳动分工，多数人依然要同时参与不同种类的劳动，比如战士平时要种地，商人农忙时得回家务农。由于每个人都不固定从事某项专门的活动，所以当时没有形成独立的专门职能，也就没有现代意义上的职业可言，只能说是出现了职业的萌芽。职业的种子在人类社会的土壤里生根发芽，最终成为枝繁叶茂的参天巨树——它的每根枝丫都是不同的职业领域，每片绿叶都承载着有关文明进步的记忆，每圈年轮都刻着人类突破自我的密码。

二、职业的产生

职业产生的根本原因是社会分工，这一结论在历史学与社会经济学领域已成为人们普遍接受的共识。人类历史上出现了3次重大的社会大分工，它们直接推动了职业形态的诞生与细化。第一次社会大分工是畜牧业与农业分离。驯化动物技术的进步使部分群体转向发展畜牧业（如牧牛、养羊），而其他群体专注于农业。这种分工推动了定居生活的发展，并催生了牧人与农夫等早期职业。第二次社会大分工是手工业与农业分离。生产力提升和技术进步催生了专职手工业者（如制陶者、纺织者、金属加工者），其在特定区域聚集，促进了城镇与市集形成，进而衍生出工匠等职业。第三次社会大分工是商业独立化。农业与手工业剩余产品增加后，商人作为专门群体出现，系统化了商品流通环节并推动货币经济替代以物易物经济。

社会分工的深化催生了牧人、农夫、工匠、商人等初始职业，生产分工、劳动分工及职业分工的细化使个体在农业、工业、服务业等领域发挥专业化优势，显著提升生产效率并驱动社会进步。

拓展链接

拓展链接

职业"进化"
时间轴：从石器
时代到AI时代

中国主要职业的
"祖师爷"

随堂活动

找一个你了解的传统职业，说说其内涵和外延发生了哪些变化。

任务二　了解职业的变迁

传统职业焕新：京作硬木家具制作技艺

在京作硬木家具制作技艺传承人刘更生那双布满老茧的手中，两个看似简单的木楔子经过精确的切割与严丝合缝的嵌套，竟能化作"浑然天成"的榫卯结构。这种完全依靠木材自身咬合力的结构，不借助一滴胶水，不依赖一颗铁钉，却能在承受上百斤外力冲击时纹丝不动——当测试者用全身力气摇晃榫卯结构时，榫头与卯眼间会因摩擦力产生细微的"嘎吱"声，那是木材纤维在压力下相互咬合时产生的美妙共鸣，而结构本身依然稳如磐石。这种源自《营造法式》的古老智慧，通过刘更生40余年打磨的"毫米级"精度手艺得以重现，其牢固程度甚至超越现代五金件，完美诠释了"以柔克刚"的东方哲学。

这些年，刘更生多次参与故宫博物院重要文物的修复与复制工作。通过翻看古籍、观察纹样、查阅资料，他练就了对古旧家具进行"望闻问切"的本领。他的手艺日益精进，心境愈加沉稳，不少古旧家具残件在他手中重获新生。他也更加清晰地认识到，京作硬木家具制作技艺既要保留传统，更需创新。

在刘更生的带领下，他的团队完成了对故宫养心殿无量寿宝塔、满雕麟龙大镜屏等数十件木器文物的修复，为传统技艺注入了"新活法"。在运用传统榫卯工艺结合三维扫描技术精准还原文物的历史原貌后，他创新出曲线拼接技法，大幅提高原材料利用率；研制线型刀具，以机械辅助手工，提升生产效率；改良传统榫卯结构，使其更加科学合理……

刘更生团队还将京作硬木家具制作技艺融入冬奥会场馆家具设计，结合现代美学重构龙凤纹样，使传统纹饰适配国际化体育空间，相关作品成为展示中华文化的重要载体。

此外，刘更生团队开发了高端定制服务，推出兼具实用性与收藏价值的硬木家具，采用"非遗工坊+私人定制"模式，其产品入驻许多知名商业体，单价突破百万元。刘更生团队的硬木雕刻作品多次亮相国际展会，以当代设计语言诠释明式家具"简、厚、精、雅"的艺术特点。在数字化传播方面，他们通过VR（虚拟现实）技术展示家具制作全流程，吸引超50万名青年参与线上非遗体验课程，推动传统技艺传承群体年轻化。

刘更生团队还积极推动产学研协同创新，与清华大学美术学院共建传统工艺工作站，孵化出智能雕刻机器人、环保大漆工艺等12项专利技术，使生产效率提升300%。

【思考题】

1. 为什么有的职业会消失？
2. 为什么现代职业分类越来越细？

一、渐行渐远的传统职业

职业是人类社会在长期的生产活动中，随着生产力发展和社会分工细化而逐渐形成并不断演变的。职业发展是一个动态的历史进程，传统行业经历着沧桑变迁，一些曾经代表着中国传统文化和手工艺的老行当，如今正悄然走向消亡，这是科技发展和社会进步的必然结果。

（一）一些传统职业开始衰落甚至消失

俗话说："世上三事苦：撑船、打铁、磨豆腐。"与"三事"对应的3种职业都是中国古老的传统职业，有上千年的历史积淀。其中，铁匠这项传统职业在机械化浪潮的冲击下日渐式微，精湛的打铁技艺正面临传承断代的危机。

随着经济社会发展以及产业结构升级，我国职业的构成和内涵发生了很大的变化。一些传统职业开始衰落甚至消失，比如蜂窝煤制作工、唱片工、拷贝字幕员等职业，就已经逐渐淡出了公众的视野。但也有一些传统职业通过转型升级延续生命力，如话务员转型为呼叫中心客服专员。这种职业形态的嬗变，折射出技术进步对劳动方式的重塑。

更具历史纵深感的职业消逝现象同样值得关注。打更人、稳婆等农耕文明的代表性职业，已随现代社会治理体系的完善而自然消亡。近现代出现的流动摄影师、钢笔修理师、铅字排版工等技术型职业，也在数字化浪潮中渐行渐远。特别值得注意的是，与传呼机、电报等过渡性通信技术相关的职业群体，其存续周期更凸显了技术迭代加速的特征。

（二）从业人员的结构发生了显著的变化

改革开放前，我国生产力水平较低，大多数劳动力从事农业生产。改革开放以来，随着一系列经济政策的实施，我国从业人员的结构发生了显著的变化：商业和服务业呈现快速发展态势，大量城镇工业从业人员（涉及生产、运输、设备制造等岗位）实现职业转型。与此同时，第一产业就业人员的规模大量缩减，而餐饮服务、文旅休闲、社区服务及商贸流通等现代服务业从业人数呈爆发式增长。

二、现代社会的"职业大革命"

（一）职业分类越来越细

随着社会需求的增加和技术的发展，产业细分导致社会分工的细化，精细的分工使得个体能够专注于某一个领域，个体也更容易把其所拥有的资源集中于这个领域。职业分类早已不是"三百六十行"所能概括的了。比如，银行职员这个职业被进一步划分为交易员、结算员、清算员等；随着策划风潮兴起，仅策划师就有商务策划师、会展策划师、DV（数字视频）策划制作师、房地产策划师等；养宠物的人越来越多，与宠物有关的新职业也随之增多，仅涉及宠物专业维护的职业就有宠物健康护理员、宠物医师等；挖掘机驾驶员以前一直被包含在普通驾驶员当中，现在则被单列出来。

2022年版《职业分类大典》在保留8个大类的基础上新增168个职业，取消10个职业，净增158个职业。

（二）新的职业不断涌现

从2019年到2022年，人力资源和社会保障部已陆续发布了5批共74个新职业，同时围绕制造强国、数字中国、绿色经济、依法治国、乡村振兴等国家重点战略，将工业机器人操作员和运维人员、农业数字化技术员和农业经理人等也纳入2022年版《中华人民共和国职业分类大典》。2022年版《中华人民共和国职业分类大典》首次标识了97个数字职业，同时沿用2015年版《中华人民共和国职业分类大典》的做法，标注134个绿色职业，其中既是数字职业也是绿色职业的共有23个。

2024年，人力资源和社会保障部会同国家市场监督管理总局、国家统计局向社会正式发布了19个新职业。在这19个新职业中，多数的职业与新兴的生产力紧密相连，如生成式人工智能系统应用员、电能质量管理员等。这些职业涵盖了"数字"与"智能"领域的多个方面，主要分为以下两种。

（1）技术前沿型新职业：包括生成式人工智能系统应用员、智能网联汽车测试员、智能制造系统运维员，以及工业互联网运维员。这些职业代表了技术发展的前沿，要求从业者具备突出的技术专长和创新能力。

（2）数字经济催生型新职业：随着数字经济的蓬勃发展，一些全新的职业应运而生，如网络主播和用户增长运营师等。这些职业不仅需要从业者具备良好的沟通能力和市场洞察力，还需要他们对数字营销和用户行为有深刻的理解。

拓展链接　　拓展链接

2022年版《中华人民共和国职业分类大典》　　自动驾驶催生的新职业生态

三、消除职业偏见

在人类共同构建的多元社会中，每个职业都如同不可或缺的笔触，共同描绘出展现文明进步的宏伟画卷。然而令人遗憾的是，职业偏见犹如一道无形的藩篱，不仅局限了社会对职业价值的认知，更在客观上制约了个体的职业发展，最终对社会的和谐发展产生负面影响。

职业偏见本质上源于对特定职业的认知局限与刻板印象。有的人可能认为，从事某些职业的人光鲜亮丽、收入丰厚，而从事另一些职业的人则毫无前途。这种价值判断往往基于表象化的收入水平或社会曝光度。值得注意的是，职业偏见既渗透于大众认知层面，又深深植根于教育体系、家庭环境和职场文化之中。它像一把无形的尺子，衡量着职业的价值和人的价值。成为一种"默认设定"。这不仅扭曲了职业的社会功能，更在深层次上异化了人的价值评价标准。

我们必须认识到，每一个职业都有其独特的价值和意义。救死扶伤的医生，传道授业的教师，忙碌在流水线上的一线工人，维护城市整洁的清洁工……每一个职业都是"社会机器"中不可或缺的"螺丝钉"，都在以自己的方式为社会的发展贡献力量。

值得一提的是，职业偏见中的性别偏见是一个亟待正视的社会问题。尽管法律早已明确男女平等，但有关性别的传统观念仍深刻影响着女性，她们常被认为应承担家庭照料职责，其职业发展空间被局限。事实上，性别差异与个人能力并无必然关联，女性在创新和管理等方面都展现出与男性同等的发展潜力。消除性别偏见，既是保障女性就业的基础要求，更是释放社会人力资源、促进文明进步的重要途径。

消除职业偏见需要多主体协同推进。政府应构建科学的职业认知体系，通过教育引导公众理解不同职业的社会价值与专业特性。同时，家庭和社会应当共同培育"职业无贵贱"的文化土壤，既要摒弃"万般皆下品，唯有读书高"的传统观念，也要抵制盲目追捧热门行业的功利倾向。消除职业偏见的关键在于使每个劳动者都能在适合自己的领域实现个人价值。这不仅需要制度保障，更需要全社会形成尊重专业、崇尚创新的新型劳动价值观。

拓展链接

职业启蒙教育：现代职业教育体系之根

👥 **随堂活动**

分组列举和所学专业相关的新兴职业，列举最多的小组获胜。

📲 **实践活动**　　　　　**访谈职场人士**

访谈职场人士一般都是直接与职场人士面对面地交流，因此可以在获取职业信息的同时了解这些人的从业经历。

活动步骤如下。

步骤一：确定访谈的职场人士，并制定详尽的访谈提纲。

步骤二：按照访谈提纲访谈职场人士，了解自己所需的职业信息及职场人士对职业的感悟。

步骤三：访谈结束后进行认真的总结，填写《职场人士访谈问卷》。

附：职场人士访谈问卷

一、被访谈人基本情况

姓名：_____ 性别：_____ 毕业学校：_____

所学专业：_____ 现工作单位：_____

联系方式：_____

二、访谈人基本情况

访谈人：_____ 班级：_____ 访谈时间：_____

三、访谈内容

1. 您是如何得到这份工作的？这份工作的主要内容是什么？

_____

2. 对于这份工作，您最喜欢的是什么？最不喜欢的又是什么？这份工作对您的生活有什么样的影响？

_____

_____

3. 在这份工作中，您每天通常做些什么？

_____

4. 从事这份工作需要在专业、技能和学历方面达到怎样的要求？

_____

5. 目前您所属行业中同类岗位的薪资待遇如何？

_____

6. 您是通过哪些渠道提升自己的工作能力的？

_____

7. 您认为您所属行业的发展趋势如何？

_____

8. 您在从事这一工作之前，是否从事过别的工作？

_____

9. 据您对我所学专业的了解，我毕业后可以进入哪些领域工作？

_____

10. 您对目前的工作是否满意？
_____

11. 您能给我一些学习或就业方面的建议吗？（如果被访谈人是校友，请继续进行以下访谈）
_____

12. 您对母校是否满意？
_____

13. 请您对母校的发展提几点建议。
_____

项目二

职业认知

学习目标 ↓

1. 了解职业认知的途径。
2. 了解能从哪些方面进行自我认知和探索。

任务一　了解职业认知的途径

情境导入

杨绍辉的夺冠之路

　　一个迷茫的少年第一次站在机器声轰鸣的实训车间里,双手第一次触摸到汽车发动机冰凉的铸铁外壳时,其命运的齿轮已悄然转动。这个后来在第47届世界技能大赛中斩获汽车技术项目金牌,实现中国在该项目金牌零的突破的超群少年,彼时正坚定又笨拙地拧住滑丝的螺丝,也为未来的人生固定了锚点。他叫杨绍辉,山东某技师学院2019级学生,一位"00后"。

　　在入学后的前3个月里,杨绍辉的扳手总在螺栓上打滑。直到某个深夜,他独自面对一台老式变速箱,用千分尺测量出0.02毫米的装配误差时,那些曾被视作废铁的零件在他眼中化作等待破译的机械密码。

　　当同学们在午休时"刷"短视频、玩游戏时,杨绍辉正用砂纸打磨自制量规,铝合金碎屑在阳光下形成细小的银河。他给自己设计的"故障诊断九宫格",将汽车电路板分解成81个检测单元,这使他能像中医把脉般精准定位故障。

　　在备战第47届世界技能大赛的400天里,杨绍辉在实训车间搭建起另外一个空间。他拆解过300台不同型号的发动机。为攻克涡轮增压器校准难题,他在40℃的高温中连续工作14小时。当他的手指被飞溅的铁屑割伤时,他独创的"创伤记忆法"反而让肌肉记住了最精准的发力角度。

　　国际赛场上的终极考验来临时,面对组委会故意设置的隐蔽故障——藏在ECU(电脑控制模组)控制板背面的微型短路点,杨绍辉没有像其他选手那样更换整个模组。他取下胸牌上的别针，将其改造成微型探针，用自创的"蜂鸣共振检测法"锁定故障位置。当计时器停在2小时47分，他举起沾满机油的右手示意完成，裁判组为这个东方青年独创的诊断方案集体起立鼓掌。

如今，杨绍辉带着世界冠军的荣耀成为一名实训指导教师，为像曾经的他一样在人生道路上迷茫徘徊的学生打开了人生的另外一扇门。他带着学生解剖新能源汽车的"神经脉络"。他设计的"故障树分析沙盘"，让抽象的电路图在灯光下得到立体呈现。

从迷茫的少年到世界冠军，杨绍辉用扳手改变了命运的轨迹。在中国制造向中国"智造"跨越的过程中，无数个"杨绍辉"正在车间的火光中淬炼匠心。那些曾被机油浸透的青春，终将在时代齿轮的转动中，谱写出属于中国工匠的壮丽乐章。

【思考题】

1. 职业认知有哪些途径？
2. 自我认知和探索包括哪些方面？

职业认知是个体在与社会的持续互动中，逐步形成的关于职业角色、发展路径及自我定位的综合性认知体系。它如同一面多棱镜，折射出个人特质、社会需求与时代变革的复杂关系——既涉及对"我能胜任什么"的能力评估，也涵盖"我渴望成为怎样的人"的价值取向，同时需要回应"社会需要怎样的贡献"的现实命题。在技术革命加速推进、职业边界不断重构的时代背景下，职业认知已从传统的静态认知体系，转变为贯穿职业生涯的动态调节机制。这种结构性变革彻底打破了"选择职业—稳定就业—坚守岗位"的传统线性发展模式，使职业认知的重要性提升到前所未有的高度。究其本质，职业认知是个体与社会环境持续对话的过程，其终极目标是使个体实现从"被动适应社会需求"到"主动创造职业价值"的质变。

一、家庭教育中的职业认知

家庭作为职业认知的初始场域，其影响力贯穿个体职业发展的全过程。孩子自启蒙阶段起便通过观察父母的职业活动建立初步的职业认知，这种潜移默化的影响往往导致职业选择呈现代际传递特征——相当多的一部分人最终从事与父母的职业相同或相关的职业。这种职业趋同现象既源于个体对熟悉领域的路径依赖，也反映了家庭教育对职业价值观的塑造作用。

在理想的家庭教育中，家长应当构建三阶引导模式：首先，尊重孩子的兴趣、禀赋，通过课外活动、职业体验等多元方式拓展孩子的认知边界；其次，运用科学的评估工具，帮助孩子客观认识自身的能力与特质；最后，在充分分析各种信息的基础上，帮助孩子制订个性化的职业规划。但现实中，部分家长仍深陷"唯学历论"的认知泥潭，将基础教育异化为应试竞赛。这种过度强调学习成绩而忽视综合素质的做法，实质上剥夺了中学生探索职业可能性的机会。

要想构建科学的家庭职业引导体系，家长需要把握3个要点：建立双向沟通机制，定期与孩子开展职业话题讨论；创设实践机会，让孩子通过职业体验日、实习项目等积累相关经验；培养孩子的决策能力，引导孩子在掌握充分信息的基础上做出自主选择。这种立体化的培养模式，既能避免个体在职业选择中的盲目性，又能有效激发个体的职业潜能。

二、学校教育中的职业认知

学校作为教育的实施主体，应使职业启蒙与认知教育贯穿教育教学活动，通过设置课程或开展活动，使职业启蒙与认知教育成为学校教育中的特色。

在小学阶段，学校可开展职业认知主题活动，通过角色扮演、职业访谈等形式，帮助学生了解常见职业的基本属性与发展方向；在初中阶段，可深化职业探索课程，引导学生进入职业准备初期，形成初步的职业设想；在高中阶段，整合校内外资源，支持学生在知识积累与技能发展中探索个人职业倾向；在高等教育阶段，通过设置系统的职业生涯规划课程，指导学生基于能力、兴趣与价值观制订切实可行的职业发展计划。

此外，职业学校可建立职业体验中心。职业体验中心可依托学校重点发展优势的专业，利用学校的场地、设备等，满足不同学生的职业体验要求，并开展不同层次的职业启蒙教育。在课程建设上，职业学校可设置启蒙课程、体验课程和实训课程，并配套相应的课程标准、评价机制等。

三、社区活动中的职业认知

社区作为人们生活的基本单元，能展现真实的生活场景和劳动氛围，是培养和检验新时代劳动者职业能力和生活能力的重要场所。陶行知先生提出的"生活即教育"理念，强调教育应与实际生活紧密结合。社区凭借其开放的区域、丰富的资源储备和多元的职业类型，能够为学校实施劳动教育提供有力的校外支持。

在课程建设方面，学校可以开发以社区生活能力培养为核心的劳动教育课程：课程目标是充分发挥劳动教育的育人功能，促进学生德、智、体、美、劳全面发展；课程内容基于社区生活实践确定，涉及家务劳动技能、社区居住实务（如租房流程）、社区活动参与方法等，这些内容紧密联系生活实际，能够有效提升学生的生存能力。

此外，社区可与学校共建实践基地，整合社会资源，推动劳动教育社区化，比如开展社区志愿服务、社区环境维护等实践活动。

四、社会实践中的职业认知

学生在完成学校教育后，终将步入社会并成为社会分工体系中的重要成员。职业认知教育若缺乏社会力量的参与，必将失去其生命力。社会各界不应作为旁观者，而应主动成为职业认知教育的参与者和支持者。

职业认知教育关乎社会发展方向，其有效开展离不开社会各界的支持——社会能为学校开展职业认知教育提供丰富的人力与物力资源。具体而言，社会各界应加大职业认知教育的宣传力度，呼吁各界关注职业认知教育，扩大其影响力，从而转变传统的人才观、职业观和劳动观，营造良好的职业认知教育氛围。

值得注意的是，社会参与不能仅停留在精神层面，物质支持同样重要。通过参与职业认知教育，社会能为学生提供更多职业体验机会，帮助他们在实践中掌握职业知识、明确职业意向。社会中存在着各种各样有关职业启蒙与认知教育的资源。一是公益类的社会机构和组织，如青少年宫、图书馆、科技馆、博物馆等公共文化设施。这些机构和组织可通过定期组织职业体验活动、开设职业认知课程等方式，将优质社会资源转化为学校教育的有益补充。二是政府职能部门，如统计局、档案局、体育局、公安局等。这些部门可通过与学校建立长效合作机制，共建职业启蒙教育实践基地，开发具有行业特色的实践类课程，为学生提供专业岗位见习机会。三是各类企业，如金融、建筑、制造、农业等行业的优质企业。这些企业可发挥其资源优势，为学生提供实地参观和岗位体验机会，配备专业职业导师，开发实践教学项目，与学校共享先进设备设施，等等。

拓展链接

职业认知馆：
连接虚拟与现实
的成长实验室

👥 随堂活动

1. 结合自己的实际情况，将图2-1所示的家族职业树补充完整。

图2-1　家族职业树

2. 你还可以通过哪些渠道了解职业？

3. 采访本专业的老师和已经毕业的校友，了解本专业的就业方向。

任务二 自我认知和探索

情境导入

詹天佑：兴趣与理想的抉择

詹天佑（1861—1919年）是中国近代铁路工程的奠基人。他打破外国技术垄断，开创中国人自主建设铁路的先河，被誉为"中国铁路之父"。

1. 早年兴趣与志向转变

詹天佑幼年时的兴趣集中于机械而非工程。他从小就展现出对机械装置的强烈好奇心，曾将家中闹钟拆解至零件状态，又凭借超强记忆力将其复原，理解了其构造原理。他常随身携带齿轮、发条等工具进行实验，被同伴称为"机器迷"。在洋务学堂接触西方科学知识的经历进一步激发了他对机械探索的热情，他的职业理想是成为一名机械工程师。

詹天佑认识到铁路是国家战略资产，路权是国家主权的重要组成部分，遂转而投身铁路建设。1878年，他考入耶鲁大学土木工程系，主修铁路工程。后来，他成为中国首位铁路总工程师，胸怀实业救国理想，痛心国家主权沦丧，不懈努力，为国家强大贡献力量。

2. 京张铁路的成就

1905年，清政府委任詹天佑为京张铁路总工程师。面对英俄技术封锁与燕山天险，他创造性地设计出"人"字形线路（青龙桥段）降低坡度，并采用竖井开凿法贯通八达岭隧道（1091米）。工程团队仅用4年（1905—1909年），以4/5的预算建成长201.2千米的京张铁路，且京张铁路较原计划提前两年通车，这一成就震惊国际工程界。

3. 精神遗产与后世影响

詹天佑以"精益求精、敢为人先"的精神，成为民族工业自强的象征。1999年，"中国土木工程詹天佑奖"设立，用于表彰杰出工程；2008年，京张铁路入选第一批中国工业遗产保护名录……这位工程巨擘的遗产持续推动中国的现代化进程。

【思考题】

1. 在选择职业时为什么要了解自己？
2. 理解人职匹配的重要性。

一、我是谁——认识自己

自我认知和探索是从"学生"顺利转换为"工作者"的前提，是实现职业发展和人生价值的重要环节。要成功实现就业目标，首先必须进行充分的自我认知和探索。认识自己涉及多个因素，其中最重要的是性格、兴趣、能力和价值观。在择业前，只有全面客观地认识自己，才能扬长避短，充分发挥自身潜能，减少求职过程中的盲目性，从而顺利实现就业目标，为职业生涯发展和人生发展奠定坚实的基础。

（一）性格

当你在食堂时，你会选择坐在热闹的区域还是安静的角落？当你在社团招新展台前驻足时，你犹豫不决还是勇往直前？当你参与小组活动时，你会选择主动承担PPT制作任务还是上台汇报任务？这些看似日常的选择，都反映了你的性格。什么是性格？它指的是个体相对稳定的行为特征，以及个体适应环境时表现出的惯性行为倾向，既包含外在可见的行为模式，也蕴含内在的心理偏好。

我们必须承认一个客观事实：每个人的自我塑造空间都存在一定限度。从职业发展角度来看，性格作为个体的深层特质，其形成与大脑发育过程密切相关。经过先天遗传和后天培养的共同作用，性格在个体达到一定年龄后便趋于稳定，这使得每个人的性格既具有持久性又具备独特性。通常进入职业教育阶段后，当我们面临职业选择时，性格的可塑性已相对有限。此时更明智的做法是选择与自身性格特质相匹配的职业方向，这样有利于充分发挥个人优势，培养职业认同感，并提升任职能力。那么，如何了解自己的性格呢？我们可以运用以下方法。

1. 日常行为观察与记录

系统观察与记录自身在不同情境下的情绪反应和行为模式，可以帮助我们发现自身稳定的性格特质。建议采用日记形式记录日常思维轨迹，以此建立对自我价值观和潜在性格的持续性认知。

2. 测评工具运用

推荐运用MBTI、大五人格测试（OCEAN模型）及PDP性格测试等测评工具，通过量化分析性格维度（如外向性、开放性等），明确自己的性格特质。基于测评结果，我们可以更有针对性地选择适合自身性格特质的职业方向。

3. 专业心理分析

与心理咨询师开展系统性对话，能够帮助我们深入解析潜意识层面的性格成因（如原生家庭影响或认知模式）。同时，研读专业心理学文献和著作，可为对性格特质的解读提供理论支撑和实践指导。

（二）兴趣

人们常说"人各有所好"，这正说明了个体兴趣的差异性。兴趣作为一种心理倾向，是在个体需求的基础上形成的，它表现为个体对周围人、事、物的偏好，以及主动认识、熟悉特定事物并持续参与相关活动的心理特征。值得注意的是，兴趣不仅在学习领域具有重要意义，在职业选择过程中同样是需要被重点考量的关键因素之一。

职业兴趣是兴趣在职业领域的体现，表现为个体对特定职业所持有的相对稳定且持久的心理倾向。这种倾向既表现为个体探索特定职业时展现的特征，也反映在个体从事相关职业时的行为表现等方面。职业兴趣能够促使个体优先关注某些职业，并对其产生积极的情感倾向。职业兴趣以个体基本素质为基础而形成，在职业发展实践中逐步建立和深化，其发展过程与个体的性格特质、能力水平、实践经验以及时代背景等因素密切相关。

职业兴趣对职业选择和职业发展具有重要影响。个体的职业兴趣存在明显差异，比如，有人偏好自然科学领域（如天文、物理、生物、化学等），有人喜欢智能操作类活动（如阅读、写作、计算、设计等），还有人热衷于技能操作（如维修、摄影、乐器演奏等）。不同职业对兴趣的要求各异，例如，热衷于技能操作的人能在相关领域游刃有余，但若被强制转向理论研究，则可能事倍功半。这种兴趣差异直接导致了职业选择的分化，因此，充分认识职业兴趣在职业生涯中的关键作用至关重要。

职业兴趣的探索与培养是一个动态发展的认知过程，需要个体采用系统化的方法进行多维度的自我认知和实践验证。从心理学视角来看，个体对职业兴趣的认知往往经历从模糊感知到清晰定位的演变过程。

在自我认知层面，持续的行为观察和情绪记录构成了职业兴趣探索的基础。个体有意识地记录自己在日常活动中重复出现的行为模式（诸如每周固定投入数小时进行编程或绘画等）时，往往能发现潜在的职业兴趣倾向。值得注意的是，特定领域的能力优势通常与兴趣存在显著的关联性，这种关联性可以通过反应速度、任务完成质量等客观指标进行量化。

实践验证是区分真实兴趣与短暂好奇的关键环节。通过设计阶梯式的体验方案，从短时尝鲜到中长期投入，个体能够有效检验兴趣的稳定性。持续一段时间的深度参与最能检验兴趣的稳定性，既避免了冲动判断，又不会造成过高的机会成本。

专业测评工具和社会反馈机制为兴趣探索提供了重要的外部参照。标准化的职业兴趣量表能够降低主观认知的局限性，而来自职业导师和行业社群的多维度反馈，则有助于个体发现被自身忽视的兴趣特质。这种内外结合的验证方式，大大提高了兴趣定位的准确性。

拓展链接

霍兰德职业兴趣理论

职业兴趣的探索本质上是个体与职业环境的互动调适过程。个体采用系统化方法不仅能提高职业兴趣探索效率，更能持续提升职业适应力。建议个体每季度进行阶段性复盘，保持探索过程的动态性和开放性。

（三）能力

能力是指人们顺利完成某种活动所必需的个性心理特征，可分为一般能力和特殊能力两大类：一般能力是指人们顺利完成各项任务所必需的基本能力，通常称为智力，包括注意力、观察力、记忆力、思维能力和想象力等；特殊能力则是指从事特定专业活动所需的能力，如计算能力、音乐能力、动作协调能力、语言表达能力和空间判断能力等。由此可见，能力是完成任务的前提条件，也是影响工作成效的关键因素。因此，只有充分了解自身的能力特点及不同职业的能力要求，才能做出合理的职业选择。

能力测评主要指运用心理学、测量学和管理学等学科知识，通过系统化的方法对个体的知识水平、技能掌握情况、职业倾向和发展潜力等进行科学测量与综合评价。随着测评理论和方法的演进，测评技术日趋完善，包括智力测评、能力测评、成就测评和情景模拟等在内的多元化测评体系逐渐形成。这些测评技术不仅广泛应用于企事业单位的人才招聘、选拔和培养，也为个体制订职业生涯规划提供了科学的决策依据和专业的指导。

目前，常见的能力测评工具主要包括以下3类。

1．韦氏成人智力量表

韦氏成人智力量表由言语分量表与操作分量表构成，言语分量表包含常识、背数、词汇、算术、理解、类同等分测验，操作分量表包括填图、图画排列、积木、拼图、数字符号等分测验。

该量表通过多维测评，可有效评估被试者的逻辑推理、记忆、视觉空间处理等核心能力。

2．临床记忆量表

临床记忆量表由我国心理学家许淑莲、吴振云等编制，涵盖5项分测验：联想学习、指向记忆、图像自由回忆、无意义图形再认、人像特点联系学习。其设计侧重考察被试者的记忆存储与提取效率、细节鉴别力及信息关联整合能力。

3．瑞文标准推理测验

瑞文标准推理测验由英国心理学家瑞文于1938年创制，采用非文字渐进矩阵设计，含60张矩阵图，分为5个单元。矩阵结构逐级复杂化，要求被试者从直接观察逐步过渡到抽象推理。该工具广泛应用于跨文化场景下的逻辑推理、空间知觉及模式识别能力评估。

拓展链接

加德纳的多元智能理论

（四）价值观

每个个体都是根据自己的价值观去行事的，尤其是面临选择和决策时，价值观总是自然而然地起着指引和决定的作用。

职业价值观是个体在后天发展中形成的心理倾向，其形成过程受到多重因素影响，包括性别、年龄、兴趣爱好、人生阅历、教育背景、家庭环境以及社会文化环境等。这些因素共同作用，使得个体对不同职业产生差异化的认知和主观评价。职业价值观直接决定着个体的职业期望，进而影响个体选择就业方向、具体岗位，并最终关系到个体就业后的工作态度和行为表现。

新时代青年树立正确的职业价值观，践行社会主义核心价值观，对其职业定位、择业及职业发展都具有重要的指导意义。个人无法脱离社会而独立存在，个人发展必须依托社会发展，个人价值的实现最终要体现在为社会创造价值的过程中。片面强调个人利益而忽视国家和社会需求的职业价值观存在明显局限。个人只有形成与社会发展相适应的职业价值观，才能在正确的职业发展道路上实现理想追求，达成个人价值与社会价值的有机统一。

梳理职业价值观是一个进行自我认知和职业生涯规划的重要过程，有助于明确职业发展的核心驱动力，找到与个人价值观匹配的职业方向。以下是梳理职业价值观的步骤。

1. 明确职业价值观的维度

职业价值观通常涵盖以下维度，你可以从中选择对你最重要的维度。

内在回报：兴趣、创造力、挑战性、学习机会、成就感等。

外在回报：薪资福利、稳定性、社会地位、职业声望等。

工作环境：团队氛围、领导风格、工作自由度、工作节奏、压力水平等。

社会贡献：环保、公平、正义等。

生活方式：工作与生活的平衡状态、通勤时间、通勤地点等。

2. 自我提问与场景联想

通过以下具体问题挖掘深层需求。

过去经历：你在过去的哪个时刻最有成就感？当时的工作内容或环境有什么特点？你曾因什么离职？哪些因素让你无法忍受当时的工作？

未来期待：你理想的工作场景是什么样的？你希望自己的工作如何影响他人或社会？

取舍测试：在薪资相同的情况下，你更愿意从事枯燥但轻松的工作，还是有挑战性但需要加班的工作？如果必须在"高薪高压"和"低薪但有意义"之间选择，你会倾向哪一方？

3. 因素列举与排序

写下你在职业发展中重视的所有因素（15～20项），例如薪资、挑战性、学习机会、自由度、稳定性、社会认可、领导力、团队合作、行业前景……

按优先级为列举的因素排序，先通过粗筛删除不重要的因素，保留5～8项核心因素，再用"强制二选一"法（例如在"待遇好但压力大"和"待遇一般但轻松"中做出选择）确定核心因素的最终排列顺序。

4. 验证与冲突分析

现实检验：你的价值观是否与当前/目标职业的常见特点匹配？你是否存在互相矛盾的价值观？

冲突解决：接受符合次要价值观的职业，但守住核心底线（例如"薪资可适当降低，但必须有成长空间"），寻找折中方案（例如发展符合主要价值观的副业）。

5．制定行动策略

职业选择：筛选行业或岗位时，优先匹配与最核心的3项价值观相符的行业或岗位。

长期发展：定期回顾价值观是否变化（例如年轻时重视成长，步入中年后可能更看重工作与生活的平衡），通过接受培训、转岗或发展副业匹配现有工作未能匹配的价值观。

通过系统梳理自己的价值观，你可以更清晰地拒绝与价值观冲突的机会，同时聚焦于能带来长期满足感的职业道路。

二、我要做什么——寻找职业方向

（一）自我评估

职业选择是一个需要个体深度进行自我认知的复杂决策过程，它不仅关乎个体的生存发展，更是个体实现人生价值的重要途径。在这个充满可能性的时代，如何找到与自己的特质相匹配的职业方向，成为每个人必须面对的问题。

在探索职业道路时，我们首先需要进行全方位的自我剖析。这种剖析不是简单罗列兴趣爱好，而是对个人需求、能力结构、性格特征进行立体化审视。通过标准化的测评工具（如霍兰德职业兴趣量表），配合日常行为观察，我们可以建立起相对客观的自我认知体系。

过往经历往往蕴含着宝贵的职业线索。那些让我们体会到成就感的时刻，通常反映了我们潜在的优势所属的领域；而工作中难以忍受的挫折，则可能指向引发价值观冲突的关键点。对过往经历进行回溯性分析时，我们需要超越表象，深入挖掘背后的矛盾。

人的职业倾向会随着阅历增长而演变，因此建议建立周期性的职业评估机制。在职业评估过程中，我们既要避免过度自信，以免陷入认知盲区，也要防止妄自菲薄，以免潜力被低估。通过运用SWOT分析等工具，我们可以系统梳理个人的竞争优势和发展瓶颈。

职业决策最终要落实为具体的行动方案。在明确自身特点后，我们需要将抽象的认知转化为具体的职业选择标准。在这个转化过程中，我们需要考量行业发展趋势、组织文化特征等多重因素，形成具有操作性的职业发展路径图。

职业选择本质上是一个不断接近自我的过程。在这个过程中，采用系统化的方法固然重要，但更重要的是保持开放的心态和持续反思。每一次职业决策都是对自我认知的深化，也是对未来可能性的探索。

（二）寻求专业的职业咨询

职业咨询作为以职业发展理论为根基的专业服务体系，融合心理学、社会学及管理学等多学科知识体系，旨在协助个体完成职业定位锚定、发展路径规划与核心能力建构。其服务价值具体表现为：首先通过标准化测评工具量化个体的兴趣、能力结构与价值取向的匹配度，实现对职业认知的系统性重塑；继而结合行业发展趋势与个人特质图谱，构建包含阶段目标与长期愿景的动态发展模型；最终整合岗位信息资源、技能提升通道及行业人际关系网络，形成降低职业转型成本的支撑系统。

当个体感到职业倾向模糊时，职业咨询师可为个体提供专业支持。需明确的是，职业咨询师并非预言家，而是协助个体规划职业发展的向导。其核心价值体现在4个方面：一是运用专业评估工具与结构化访谈技术，揭示个体潜在的优势、特质，帮助个体形成客观的自我认知框架；二是借助决策平衡分析系统梳理影响职业选择的内外部要素，建立科学的决策权重矩阵；三是基于行业动态数据库，帮助个体拓展职业认知边界（如了解知识科普博主等新兴的复合型岗位），预判技术变革中的职业生命周期；四是帮助个体进行成长路径设计，将长期目标解构为可执行的阶段任务，制订有关能力提升的里程碑计划。

需特别强调的是，职业咨询师的核心职能是提供决策支持框架与专业方法论，而非替代个体做出人生选择。有关职业发展的终极决策权始终属于个体自身，咨询过程本质上是赋能个体自主决策的专业助力。

（三）分析就业市场

在职业发展规划中，系统性地分析就业市场具有关键性意义。分析就业市场不应停留在分析表面现象，而需要构建多维度的认知框架，通过政策解读、技术预判、经济分析和消费洞察4个层面的交叉验证，形成对职业发展趋势的立体化把握。

当前就业市场的复杂性和不确定性要求求职者建立科学的分析范式。从政策维度来看，国家战略产业布局往往决定了未来十多年的岗位供给结构，例如"十四五"规划中明确指出的战略性新兴产业创造了大量高质量就业机会。地方政府配套的人才激励政策进一步提升了区域就业吸引力。同时，行业准入标准的动态调整也预示着新兴职业的发展方向。

技术变革正在重塑就业市场的底层逻辑。AI的广泛应用既使部分标准化工作由AI完成，也创造了许多人机协作的新型岗位。以医疗领域为例，AI辅助诊断系统的普及减少了该领域对基础影像分析人员的需求，但催生了医疗AI训练师等新兴职业。数字技术的渗透则打破了传统行业边界，使各行业产生对金融科技工程师、数字农业专家等复合型人才的需求。

宏观经济指标反映了就业市场的结构性特征。近年来，粤港澳大湾区在集成电路、生物医药等领域的产业集群效应，带动了相关专业技术人才薪资水平的提高。通过构建岗位增长率矩阵可以发现，数字经济相关岗位的招聘规模近几年保持增长，增速显著高于传统制造业。

消费市场的代际变迁同样影响着就业结构。成长于互联网普及期，将社交媒体、即时通信工具作为认知世界的基础载体的一代人早已成年，在这一时代背景下，诞生了网络主播、用户体验设计师等新兴职业。

上述分析表明，进行职业选择需要超越简单的岗位对比，建立涉及政策敏感性、技术预见性、经济判断力和消费洞察力的综合决策体系。这可以帮助求职者规避行业周期风险，主动把握产业升级带来的发展机遇。

拓展链接

小林从中文系到数据分析师的转型之路

随堂活动

和同学们讨论，可以通过哪些渠道了解就业信息？

_____

_____

_____

任务三　做好职业规划

情境导入

"未雨绸缪，提前规划"是他成功就业的秘籍

文日耀是某技工学校汽车维修专业的学生。他刚接触专业课时，听老师提到广州某知名乘用车公司的业内口碑和职工待遇都相当不错，便悄悄把这家公司的名字记在了心里。文日耀深知近年就业市场竞争激烈，中职学生只有做好充分准备才能顺利找到工作。

到了求职季，他立即带上早就准备好的简历去那家公司面试。提交简历后，只经过一轮问答和一轮体能测试，文日耀就被录用了。"当时和我一起面试的有30多人，经过两个环节后只剩下4人。"文日耀说。直到收到入职通知，他还是有点不敢相信："没想到我投出第一份简历就被录用，而且录用我的还是自己心仪的公司，我真的很幸运。"

文日耀认为，能在求职时成功入职心仪的公司，得益于他在技工学校的学习积累和成长，以及充分的求职准备。

文日耀的父母务农，供三兄妹上学，家里并不宽裕。刚到技工学校就读时，他一度有些自卑。为了提升社交能力，他报名加入街舞社，积极参加各种表演和比赛，赢

得了许多赞许。渐渐地，他不再自卑，与老师、同学的交流也越来越顺畅。参赛获奖让他找到了自信，也激发了他的学习动力。在专业知识和技能学习上，他一步一个脚印，稳扎稳打。由于成绩优异、动手能力强，文日耀当上了班干部，加入了学生会，成为老师们称赞的好学生。班主任说："他平时学习认真，成绩优秀，性格也好，对于老师交代的事情总能认真完成，是老师的好帮手。"

回想起学校生活，文日耀既怀念又感恩："在学校里，我不仅学到了专业技能，提升了社交能力，也找回了自信，我觉得自己很幸运。"目前，他仍在努力学习，他的下一个目标是成为公司的"全能手"。

【思考题】

1. 职业规划有哪些步骤？
2. 怎样制订出适合自己的职业规划？

职业规划对于个体的职业发展至关重要。它不仅能够帮助个体明确职业目标，还能为个体提供指导和支持，确保个体在职业生涯中持续进步和成长。通过职业规划，个体可以更好地了解自己的优势和劣势，从而做出更明智的职业选择。个体要做好职业规划，选择适合自己的职业，必须明确职业生涯设计的5个基本步骤：分析自我、设定目标、了解行业和市场、制订行动计划、评估与调整。

一、分析自我

在职业规划的初期，首先需要进行自我分析。要全方位地认识和了解自己，对自身条件进行全面、正确的分析和评估。做到"知己"，弄清"我是谁""我有哪些优势"，这是进行职业规划的基础，也是职业生涯设计的难点。

从事与自身性格、兴趣、特长、价值观等相匹配的职业，会使人感到工作充满乐趣，生活充满幸福感，总有一种动力驱使自己去完成工作任务。反之，个体会长期存在职业认同问题，这不仅会损害心理健康，也不利于职业发展和人生目标的实现。因此，在制订职业规划时，必须认真分析自己的性格、兴趣、特长和价值观。

同时，认识自己是一件困难的事，认识自己的劣势则更加困难。个体如果不能准确认识自己的优势和劣势，就无法扬长避短，也难以实现职业目标。

个体可以通过自我反思、参加职业测评或咨询专业人士来进行自我分析。

二、设定目标

设定目标是职业规划的核心环节。个体通过自我分析明确"我是谁""我有哪些优势"后，需进一步确定"我想从事什么职业""计划在哪个专业领域发展"，进行充分论证，设定符合自身职业愿景与价值观的具体目标，这些目标应具备可衡量性。然后，将目标分解，对其进行系统性分层：人生目标（对应职业发展的终极方向），长期目标（10年以上的职业愿景），中期目标（5～10年的职业发展定位）、短期目标（1～3年的具体成果）。其中，短期目标可细分为年度、月度、每日目标。

拓展链接

做职业生涯决策的策略

相关研究表明，清晰的目标是职业成功的核心驱动力。目标缺失者极易陷入发展停滞状态，造成时间资源的永久性损耗。

三、了解行业和市场

在职业规划过程中，深入了解目标行业和市场发展趋势是至关重要的基础工作。这不仅关系到个人职业定位的准确性，更直接影响着个人未来发展的可持续性。要做好这一工作，我们需要从微观和宏观两个层面进行系统性的认知构建。

从微观层面来看，职业选择需要建立在对具体岗位的全面认识之上。一个明智的求职者应当细致分析有关目标岗位的各个要素，如岗位名称、岗位职责、工作环境、专业资质要求、学历要求、可能被忽视的身体条件限制。更重要的是，求职者要深入思考个人的兴趣特质与职业特性的匹配程度。这能够帮助求职者避免"只见树木，不见森林"。

在宏观层面，对政策环境的研究同样不可或缺。国家的产业政策就像指挥棒，决定发展红利向哪些行业汇集；区域经济发展规划则如同导航图，标示着人才流动的主要方向；而行业监管法规的变动，往往是行业洗牌的信号。这些宏观因素虽然看似遥远，实则与每个人的职业发展都息息相关。

要获取这些关键信息，我们需要利用多元化的信息渠道：定期浏览权威媒体的行业动态报道，可以把握市场脉搏；研读专业的行业分析报告，能够获得深度洞察结果；参与行业交流活动，可以直接获取一线从业者的经验；运用政府公开数据库，则能掌握权威的统计数据。只有通过这些渠道的交叉验证，我们才能构建起立体的行业认知，为职业决策提供科学依据。

四、制订行动计划

在明确目标后，应为实现目标制订切实可行的行动计划。职业目标的实现离不开系统性的路径规划，且不同职业方向对应着差异化的能力培养重点。例如，有的学生打算从事行政管理方面的工作，在校期间就应当着重提升组织协调能力，通过主动策划和参与各类活动来积累相应经验；有的学生立志在生产性服务业发展，则需要深耕专业领域，在课堂学习之外积极参与实训实习，培养团队协作意识和解决实际问题的能力。

值得注意的是，宏伟的长远目标往往需要借助阶段性目标的分解才能落地。对学生而言，将长远目标拆解为短期目标（如学期计划）、中期目标（如学年规划）和长期目标（如毕业发展），能够有效降低目标实现难度。这种渐进式的目标管理方法，既保持了发展方向的一致性，又能使学生通过阶段性目标的实现增强信心。当每个阶段性目标都顺利实现时，原本看似遥不可及的长远目标就会变得清晰可及。

五、评估与调整

职业规划是一个动态调整的过程，为了应对环境和个人发展需求的变化，我们需要建立灵活的应变机制，具体措施如下。

构建终身学习体系。在校期间，制订系统性的学习计划，具体包括明确学习目标（如补齐专业短板）、规划学习路径（如选择在线课程）、设定学习时间（如每周固定学习时长）。就职期间，则应注重实践性学习，通过行业认证、专业培训等方式持续提升竞争力。

提升实践能力。学生可参与社团活动，锻炼组织能力；开展社会调研，培养分析能力；撰写实践报告，提升总结能力。职场新人则应把握参与每个项目的机会，建立"实践—反思—改进"的循环机制，同时通过工作日志记录成长轨迹。

建立多元支持网络。建议构建3层支持体系：基础层（家人、朋友）提供情感支持，中间层（校友、导师）给予经验指导，专业层（职业咨询师）提供科学评估。要特别重视定期对个人发展情况进行全面评估，整合各方反馈，形成个人发展诊断报告。

拓展链接　职业规划模板

拓展链接　职业规划大赛

职业规划的本质是建立"计划—执行—评估—调整"的循环机制。建议每季度执行一次PDCA循环（计划—执行—检查—改进），通过SWOT分析把握发展机遇，最终实现职业理想。

随堂活动

1. 用霍兰德职业偏好量表测一测自己的职业偏好。

2. 请5位同学分别将自己未来想从事的职业写在小卡片上，依次上台将自己所写的职业用肢体语言表现出来（也可用语言辅助，但不可说出职业名称）。其他同学猜职业名称，猜对者得一分，累计得分最高的前3名可获得奖励。

拓展链接　霍兰德职业偏好量表

实践活动

根据所学内容，结合自身和专业特点，参照表2-1制订职业规划。

表2-1 职业规划

姓名： 性别： 年龄： 规划周期：

项目	具体内容	个人情况
自我分析	兴趣：如协作、数据分析、人际沟通等； 性格：如外向/内向、细致/果断等； 技能：如PPT制作、编程、翻译等； 价值观：如稳定、创新、贡献等； 其他：优势、劣势、机会和威胁	
职业测评	MBTI类型：如INFJ； 测评建议职业方向：如医生	
职业目标	短期目标（1～3年）：如掌握××技能、晋升至××岗位； 中期目标（3～5年）：如晋升为团队负责人； 长期目标（5～10年）：如成为××部门负责人	
行业与岗位	目标行业：如互联网、教育、金融等； 目标岗位：如产品经理、人力资源师、数据分析师等； 目标企业：如腾讯、华为等	
能力要求	基础要求：如取得××证书； 其他要求：如具备团队协作能力、演讲能力等	
行动计划	学习计划：如在规定时间取得××证书； 实践计划：如实习、参与××项目； 其他计划：如加入××协会	
风险评估	潜在风险：如社交能力弱； 应对策略：如积极参加社团活动	
评估调整	评估频率：如每半年复盘一次进展； 调整原则：根据行业变化或个人兴趣； 调整目标：如转岗、进修等	

说明：

（1）进行职业测评时，可运用MBTI、霍兰德职业偏好量表、盖洛普优势测评等工具；

（2）行动计划需具体、可量化（如"每天学习一小时英语"）；

（3）建议定期（如每年）更新职业规划的内容。

项目三

职业体验

学习目标 ↓

1. 了解工业机器人操作维修技术员。
2. 了解智能汽车维修员。
3. 了解站务员。
4. 了解动画设计师。
5. 了解环保宣传员。
6. 了解网络安全工程师。
7. 了解急救人员。
8. 了解调酒师。

任务一　工业机器人操作维修技术员

情境导入　　　　　**工业机器人操作维修技术员职业体验**

车间里，机器控制面板上闪烁着红色警报——"机械臂关节电机过载"。

【思考题】

作为一名工业机器人操作维修技术员，应如何应对电机过载等突发情况？

一、职业性质与要求

（一）跨学科知识融合

工业机器人操作维修技术员（以下简称"技术员"）这一职业呈现出鲜明的跨学科知识融合特征。在智能制造时代，工业机器人融合了机械工程、电子技术、自动化控制、计算机编程等多学科知识，这要求技术员必须具备复合型的知识结构。从机械层面来看，技术员需要熟悉工业机器人的机械本体结构，包括机械臂等部件的设计原理与运动机制，熟知减速机如何对电机动力进行精准调节与传递，理解机械传动过程涉及的力学原理，等等。工业机器人的核心构成如图3-1所示。

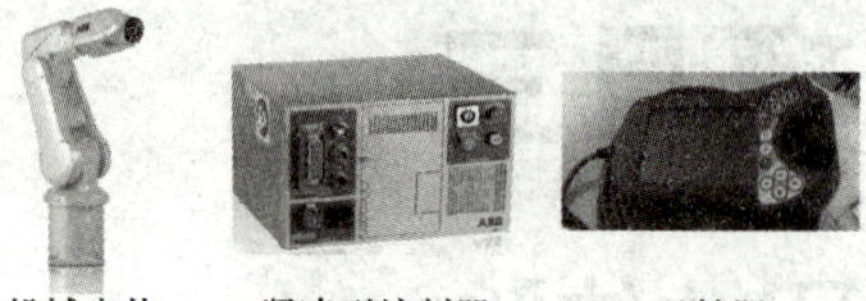

在电子技术和自动化控制领域，技术员要掌握控制器作为工业机器人的"神经中枢"的工作逻辑，了解其如何实现对工业机器人各部件的精准控制，如何使它们协调运作；熟悉伺服电机、编码器

机械本体　紧凑型控制器　示教器

图3-1　工业机器人的核心构成

等核心电子元件的功能与特性，明确它们如何通过信号反馈实现毫米级的精确定位。同时，计算机编程知识也不可或缺。技术员需懂得通过示教器对工业机器人进行程序编写与调试，理解工业机器人语言指令的运行机制，能够根据生产需求对工业机器人的工作程序进行优化和调整。这种多学科知识的深度融合，使得技术员成为兼具机械师、电子工程师和程序员特质的复合型技术人才，以及智能制造领域生产线上的核心技术保障力量。

（二）技术与数据共同驱动

随着工业机器人智能化程度的不断提高，技术员这一职业逐渐呈现出技术与数据共同驱动的特征。在技术层面，技术员不仅要熟练掌握传统的机械维修技能（如零部件拆卸、更换与装配），更要精通先进的电子检测技术和自动化调试技术。面对高精度的工业机器人，技术员需要运用专业的检测工具和仪器（如扭矩扳手、红外线热成像仪、示波器等），对工业机器人进行精准的故障诊断与修复。

同时，数据驱动的工作模式日益成为行业主流。AI诊断系统的广泛应用，使工业机器人维修工作从传统的"事后维修"转向"预测性维护"。技术员需要具备数据分析能力，能够通过AI诊断系统对工业机器人的历史数据和实时运行数据进行分析与解读，挖掘数据背后隐藏的故障。例如，根据AI诊断系统推送的"关节轴承磨损概率上升"等预警信息，结合专业知识和检测工具进行验证和处理，提前采取维护措施，避免设备突发故障。这种技术与数据并重的工作模式，要求技术员不断更新知识体系，提升技术能力和数据处理能力，以适应行业发展的新需求。技术员操作AI诊断系统的场景如图3-2所示。

图3-2　技术员操作AI诊断系统的场景

（三）保障产业稳定发展的关键力量

技术员是保障智能制造产业稳定发展的关键力量，其工作质量直接关系到整个生产系统的运行效率和可靠性。在现代工业生产中，工业机器人广泛应用于汽车、机械、电子、化工等多个领域，承担着具有重复性高、精度要求严、环境危险等特征的各类生产任务。工业机器人出现故障不仅会导致单台设备停机，还可能使整个生产线陷入停滞状态，造成巨大的经济损失。

技术员如同工业机器人的医生，他们的工作不仅是修复故障设备，更重要的是通过日常巡检、定期维护和预防性保养，保障设备正常运行，降低设备的故障率。同时，在新技术不断得到应用、工业机器人系统持续升级的过程中，技术员还需参与有关工业机器人的技术改造与优化工作，确保工业机器人始终保持高效、稳定的运行状态。技术员的工作对于维持智能制造企业生产秩序、提升产品质量、推动智能制造产业升级具有不可替代的作用，他们是智能制造产业稳健发展的重要支撑。

二、工作内容

（一）工业机器人系统认知与原理学习

技术员的工作始于对工业机器人的系统认知与原理学习。技术员需要深入了解工业机器人的核心构成，通过学习机械本体的结构设计方法，掌握机械臂的运动原理，理解减速机、伺服电机等关键部件在动力传递和精准定位中的作用机制；研究控制器的电路布局与控制逻辑，明确其如何实现对工业机器人各部件的控制；熟悉示教器的操作界面和编程方法，掌握通过示教器对工业机器人进行动作示教、程序编写和调试的技能。

此外，技术员还需学习工业机器人的通信协议和接口规范，了解工业机器人与其他生产设备、控制系统之间的数据交互方式，为后续开展故障诊断和系统集成工作奠定基础。通过将理论学习与实践操作相结合，技术员能够构建起以工业机器人为核心的完整知识体系，为开展工业机器人维修和维护工作提供有力的理论支撑。

（二）专业工具使用与设备检测

在实际工作中，技术员需要运用各种工具（见图3-3）对工业机器人进行故障检测与性能评估。一般来说，扭矩扳手用于精确校准机械臂关节螺丝的拧紧力度，确保关节连接的稳固性，其精度可达0.1N·m；红外线热成像仪能够快速检测伺服电机等发热部件的温度，通过分析温度异常区域，判断设备是否存在过载、接触不良等潜在故障；示波器则用于监测电气信号的波形变化，帮助技术员发现电路中的信号干扰、电压异常等问题；万用表可对传感器电路进行检测，通过测量电阻、电压、电流等参数，判断电路的通断和元件的性能状态。

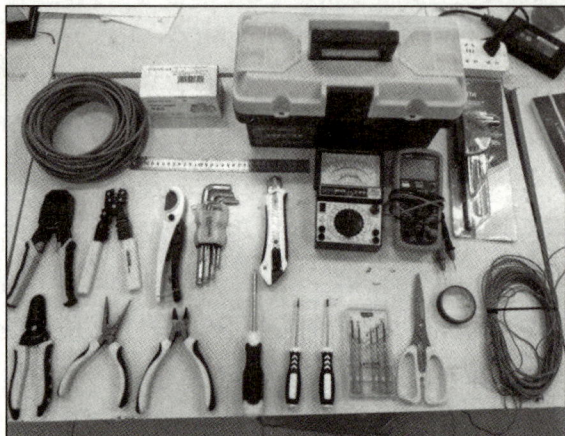

图3-3　技术员需要运用的各种工具

在检测工业机器人的过程中，技术员需遵循规范的检测流程，对工业机器人的机械结构、电气系统、控制系统等进行全面检测，通过听、看、测等多种手段，收集其运行数据，分析其运行状态，及时发现潜在的故障，并记录检测结果，为后续开展故障诊断与修复工作提供依据。

（三）日常巡检与定期维护保养

日常巡检和定期维护保养是保障工业机器人稳定运行的重要工作。技术员每日应按照巡检标准和流程，手持点检表对工业机器人进行例行检查，具体包括核查润滑油液位是否正常，确保机械部件得到充分的润滑，减少磨损；电缆是否存在破损、老化现象，防止电气故障的发生；机械臂的运动精度是否符合标准，通过测量和对比参数，及时发现精度偏差并进行调整。图3-4所示为技术员进行日常巡检的场景。

图3-4　技术员进行日常巡检的场景

在特定工作环境（如喷涂车间，由于粉尘、漆雾等污染物容易附着在工业机器人表面和内部）下，技术员需要每周对工业机器人进行彻底清洁，去除污染物，防止其对工业机器人造成损害。此外，技术员需要定期对工业机器人的机械关节进行润滑保养，更换磨损的密封件和易损件，对控制器内的电路板、电子元件进行除尘和检查，确保工业机器人处于良好的运行状态。

通过日常巡检和定期维护保养，技术员能够有效降低工业机器人的故障率，延长其使用寿命，保障生产的连续性和稳定性。

（四）故障诊断与修复

当工业机器人出现故障时，技术员需迅速开展故障诊断与修复工作。首先，根据故障现象和设备运行记录，运用专业知识和经验对故障原因进行初步分析，确定大致的故障范围。然后，利用检测工具和仪器对可能存在故障的部件和系统进行深入检测（见图3-5），如使用示波器检测电气信号、通过示教器运行测试程序检查工业机器人的动作情况等，逐步缩小故障范围，精准定位故障点。

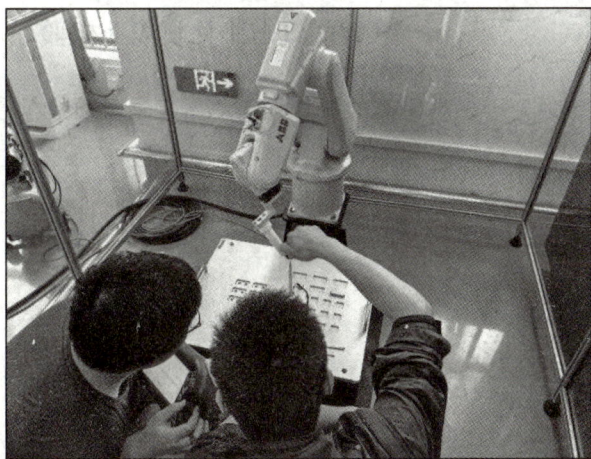

图3-5 技术员检测工业机器人的场景

在确定故障原因后，技术员需根据故障类型和严重程度，采取相应的修复措施。对于机械部件故障（如减速机损坏、关节轴承磨损等），需进行拆卸、更换和装配；对于电气故障（如电路短路、元件损坏等），需进行电路修复和元件替换；对于软件故障（如程序错误、参数丢失等），需重新编写程序或恢复参数设置。在修复过程中，技术员要严格按照操作规程进行操作，确保修复质量。此外，技术员要对修复后的工业机器人进行测试和调试，验证故障是否被彻底排除，工业机器人是否恢复正常运行。

（五）技术升级与智能化维护

随着工业机器人技术的不断发展，技术员还需参与技术升级与智能化维护工作。具体而言，技术员要学习和掌握AI诊断系统的操作方法，提升数据分析技能，能够通过AI诊断系统对工业机器人的运行数据进行实时监测和分析，接收并处理AI诊断系统推送的预警信息。例如，当AI诊断系统推送"轴承可能出现故障"的预警信息时，技术员需运用超声波检测仪等工具对轴承进行进一步检测，确认故障情况，并根据检测结果制定维修方案。

同时，技术员要积极参与工业机器人的技术改造项目，了解行业内的新技术、新产品，将先进的技术和理念应用到实际工作中。例如，对工业机器人的控制系统进行升级，优化工业机器人的运动轨迹和工作程序，提高生产效率和产品质量；引入智能化维护管理系统，实现设备维护的信息化、自动化和智能化，提升维护工作的效率和精准度。

通过开展技术升级与智能化维护工作，技术员能够推动工业机器人技术不断进步，为企业的智能制造发展提供技术支持。

任务二　智能汽车维修员

🔀 情境导入

智能汽车维修员职业体验

智能汽车维修车间，一辆刚送来的新能源车正发出急促的警报声。

【思考题】

作为一名智能汽车维修员，应如何利用现代化技术检修汽车？

一、职业性质与要求

（一）多学科知识融合

智能汽车维修员（以下简称"维修员"）是汽车产业智能化变革催生的新型职业，呈现出显著的多学科知识融合特性。维修员的工作场景如图3-6所示。传统汽车维修以机械原理为核心，而智能汽车维修已从单纯的机械维护升级为涵盖机械工程、电子技术、计算机科学等多学科知识的综合工作。智能汽车采用"软件定义汽车"的架构模式，以电子电气架构、车联网系统、自动驾驶模块为核心组成部分，这要求维修员掌握发动机、变速器等传统机械部件的维修技术，精通车载以太网、CAN（控制器局域网）总线等通信协议，理解ADAS（高级驾驶辅助系统）中毫米波雷达、激光雷达的工作原理等。

从电子技术层面来看，智能汽车集成了大量的传感器、控制器和执行器，如用于感知环境的各类雷达、摄像头，用于决策控制的域控制器，等等。维修员需要具备电子电路分析、信号检测与处理等相关专业知识，能够对电子元件的故障进行诊断和修复。在计算机科学领域，维修员要掌握数据采集与分析技术，通过汽车故障诊断仪读取汽车ECU（电子控制单元）中的数据，运用算法和模型对故障进行分析定位；同时，还需了解软件编程和OTA（空中下载技术）原理，能够对车机系统、自动驾驶算法进行升级和优化。这种多学科知识的深度融合，使得维修员成为兼具机械师、电子工程师和软件工程师特质的复合型技术人才。

图3-6　维修员的工作场景

（二）技术迭代与创新驱动

智能汽车行业处于高速发展阶段，相关技术不断迭代。例如，ADAS从最初只具备自适应巡航、自动紧急制动等基础功能，发展到拥有城市领航辅助、全自动泊车等高级功能；车联网技术从简单的远程监控，升级为复杂的车路协同、云端数据交互等。这些技术的迭代，要求维修员必须保持对行业前沿动态的敏锐感知，不断学习和掌握新的技术和维修技能。

维修员需要关注智能汽车行业的技术创新趋势，如AI、大数据、区块链等技术在汽车行业的应用。例如，随着自动驾驶技术向L4、L5迈进，智能汽车的感知、决策和控制系统变得更加复杂，故障诊断和修复难度大幅增加。维修员需要深入研究机器学习算法、深度学习模型在自动驾驶中的应用原理，以便更好地解决相关技术问题。同时，面对不断更新的电子电气架构和软件系统，维修员要具备自主学习和创新能力，能够快速掌握新的维修工具使用方法，适应技术变革带来的挑战。

（三）保障车辆安全运行与推动汽车产业发展

维修员肩负着保障车辆安全运行和推动汽车产业发展的双重责任。智能汽车的安全性不仅依赖于其机械结构，更取决于电子系统和软件功能的稳定性。ADAS出现故障可能导致车辆失控等严重后果，车机系统存在漏洞可能引发数据泄露、车辆被远程控制等安全风险。维修员作为车辆安全的守护者，需要对每一个故障进行严谨细致的检测和修复，确保车辆的各项功能正常，保障驾乘人员的安全。

从产业发展角度来看，维修员是推动汽车产业智能化转型的重要力量。他们在一线工作中积累了丰富的故障检测和修复经验，能够为汽车制造商提供宝贵的意见，帮助其优化汽车设计和改进技术方案。例如，维修员可将在处理自动驾驶系统故障时发现的算法漏洞或传感器缺陷反馈给研发部门，促进相关技术的迭代升级。同时，维修员通过对新技术、新功能进行学习和应用，能够加速智能汽车技术在市场中的普及和推广，推动整个汽车产业向智能化、网联化方向发展。

二、工作内容

（一）理论知识学习与技术认知构建

维修员的工作始于系统的理论知识学习。在职业培训和日常工作中，维修员需要深入了解智能汽车的基本概念、系统架构和工作原理，通过学习智能汽车系统构架图，掌握电子电气架构、车联网系统、自动驾驶模块等核心组成部分的功能和相互关系；借助模型展示和模拟演练，熟悉车载以太网、CAN总线等通信协议的工作机制，理解智能汽车的数据传输和处理流程。

了解ADAS是理论知识学习的重点内容，ADAS三大模块如图3-7所示。维修员要掌握毫米波雷达、激光雷达、摄像头等传感器的工作原理，了解其如何采集环境信息并将其转化为车辆可识别的数据；学习ADAS三大模块的运行逻辑，明白ADAS如何根据传感器数据做出驾驶决策并控制车辆执行相应动作。此外，维修员还需学习车机系统的软件架构、操作系统原理以及OTA的实现机制，为后续进行故障诊断和系统维护奠定坚实的理论基础。

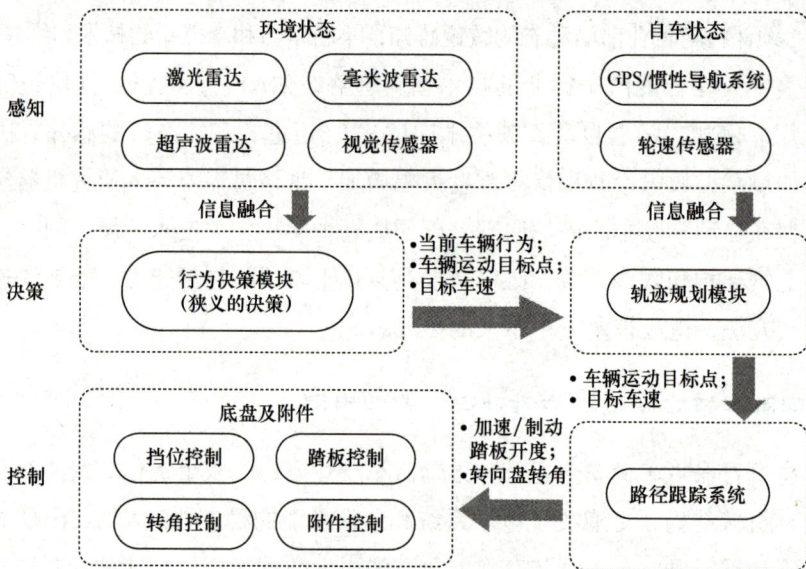

图3-7　ADAS三大模块

（二）智能化检测工具使用与故障检测

在实际工作中，维修员需要熟练使用各类智能化检测工具。汽车故障诊断仪（见

图3-8）是最常用的工具之一，维修员通过将其接入车辆ECU，能够读取车辆各个模块的故障数据，获取车辆运行状态的详细信息。在使用汽车故障诊断仪时，维修员需要准确选择检测项目和参数，对读取到的数据进行分析和解读，判断故障发生的部位和原因。

图3-8　汽车故障诊断仪

除了汽车故障诊断仪，维修员还会接触到AR（增强现实）维修辅助设备等先进工具。AR通过将虚拟维修指导信息叠加在真实车辆部件上，为维修员提供可视化的操作指引，从而提高维修的效率和准确性。在故障检测过程中，维修员首先要根据故障现象和经验判断可能的故障范围，然后制定详细的检测流程和思维导图。以车机系统卡顿、导航信号丢失为例，维修员需要从T-Box、天线、电源模块等多个方面进行排查，通过逐步检测和数据分析，定位故障根源。

（三）故障诊断与修复

故障诊断与修复是维修员的核心工作。当检测到故障后，维修员需要运用专业知识和经验对故障进行深入分析。

对于硬件故障（如传感器损坏、线路虚接等问题），维修员要准确判断故障元件，使用专用工具进行更换或修复。在修复T-Box电源线虚接故障时，维修员需要采用合适的端子压接机，确保电源线连接的可靠性。

处理软件和系统故障时，维修员则需要具备更高的技术水平。当发现域控制器因算法出现异常导致自动驾驶功能失效时，维修员不仅要能够识别故障，还需对域控制器进行数据重置，并重新训练相关算法模型。这一过程需要维修员熟悉算法原理和数据处理流程，能够运用专业的软件工具进行操作。在整个故障修复过程中，维修员要遵循严谨的工作流程，对每一个修复步骤进行验证，确保故障被彻底排除，车辆恢复正常。

（四）车辆系统维护与升级

智能汽车的维护工作不仅包括传统的机油更换、轮胎检查等机械保养工作，更侧重于车辆系统的维护和升级。维修员需要使用汽车故障诊断仪对自动驾驶系统进行校准，通过专用设备调整激光雷达的感知角度，确保传感器的检测精度；对动力电池进行健康度检测，分析电池组的充放电曲线，评估电池的性能状态，及时发现潜在问题并采取相应措施。

OTA升级是车辆系统维护的重要环节。维修员负责引导和监控车机系统的OTA升级过程，确保数据传输的稳定性和升级的顺利进行。在升级前，维修员需要对车辆的硬件和软件环境进行检查，确认其是否满足升级条件；升级过程中，要实时关注升级进度和车辆系统状态，及时处理可能出现的升级中断、错误等问题；升级完成后，还需对车辆系统进行全面测试，验证新功能的有效性和稳定性。

（五）复杂故障应对

面对复杂的智能汽车故障，维修员需要具备更强的问题解决能力和创新思维。在处理具备自动驾驶功能的汽车突然退出辅助驾驶模式等复杂故障时，维修员要能够制定全面的检测方案，对传感器、控制器、算法等多个方面进行系统排查；通过正确使用汽车故障诊断仪对毫米波雷达、摄像头的数据进行采集和分析，并结合专业知识和经验，定位故障根源。

在解决复杂故障的过程中，维修员常常需要与企业导师或技术专家进行协作，共同探讨解决方案。企业导师具有丰富的实践经验和专业知识，能为维修员提供技术指导和思路启发。维修员通过参与复杂故障的处理，能够不断提升自己的技术水平，积累宝贵的经验，并将这些经验应用到日常工作中。同时，维修员还应关注行业内的新技术、新方法，积极创新维修方案，为智能汽车维修技术的发展贡献力量。

任务三　站务员

⤭ 情境导入　　　　　　　站务员职业体验

地铁站因设备故障暂时关闭进出站口。进站口聚集大量人群，部分乘客情绪焦躁，现场氛围紧张。

【思考题】

如果你是站务员，你会采取哪些措施保障乘客安全和车站秩序？

一、职业性质与要求

（一）承担多维责任

站务员是城市公共交通服务体系的基层核心力量，具有鲜明的公共服务属性，其工作场景如图3-9所示。在城市化进程加速、城市人口规模持续扩大的背景下，轨道交通作为高效、便捷的公共交通方式，承担着巨大的客运压力。站务员直接面向广大乘客，是乘客在轨道交通出行过程中接触最频繁的工作人员，其服务质量直接影响乘客的出行体验与乘客对城市公共交通的满意度。

图3-9 站务员的工作场景

站务员的责任涵盖票务管理、乘客服务、安全保障等多个方面：在票务管理方面，需确保票务系统的准确运行与票款安全，维护轨道交通运营的秩序；在乘客服务层面，要为有不同需求的乘客提供细致、周到的服务，解决乘客在出行过程中遇到的各类问题；在安全保障方面，需时刻警惕潜在风险，保障乘客的生命财产安全与车站的运营秩序。这种多维责任的叠加，要求站务员具备较高的职业素养与较强的综合服务能力，成为城市公共服务形象的重要展示窗口。

（二）安全导向

城市轨道交通运营环境复杂，客流量大且人员密集，安全风险防控是站务员工作的重中之重。站务员是保障车站安全的"第一道防线"，其工作性质决定了其必须始终将安全放在首位。站务员的日常工作（如站台安全监控、站厅秩序维护、突发事件应急处置），都围绕保障乘客安全与运营安全展开。

在日常工作中，站务员需时刻关注列车进出站情况、乘客动态以及设备运行状态，及时发现并消除各类安全隐患。例如，提醒乘客在安全线内候车、制止乘客的危险行为、检查设备故障等。当面临火灾、设备故障等突发事件时，站务员需迅速反应，严格执行应急预案，组织乘客疏散、协助救援工作，将损失和影响降到最低。这种对安全高度负责的职业特质，要求站务员具备较强的观察力、判断力和执行力，以应对随时可能出现的安全风险。

（三）高度协作

城市轨道交通运营是一个庞大而复杂的系统工程，站务员需要与多个部门和岗位紧密协作，体现出高度协作的特性。站务员不仅要与站内同事（如车站控制室工作人员、安检人员、保洁人员等）密切配合，还要与维修部门、调度中心、公安机关等外部单位协同工作。

在站内，站务员应与车站控制室工作人员保持实时沟通，及时反馈现场情况；与安检人员共同维护车站安检秩序；与保洁人员协作，保持车站环境卫生。在应对突发事件时，站务员需要与各部门快速联动，形成强大的应急处置合力。例如，在设备故障导致乘客滞留时，站务员需配合维修部门了解故障情况，向调度中心反馈现场客流，与公安机关共同维持秩序，安抚乘客情绪。这种高度协作的工作性质，要求站务员具备较强的沟通能力、团队意识和全局观念，能够在复杂的工作环境中与各方有效配合，保障轨道交通运营系统的顺畅运行。

二、工作内容

（一）岗前准备：运营服务的基础保障

站务员的工作始于严谨的岗前准备环节。每日到岗后，站务员需要先在员工休息室完成签到并上交手机，这一规定旨在确保站务员在工作期间专注履行职责，避免因使用手机分散注意力；随后领取票卡、零钱、票务钥匙等工作所需物品并仔细核对数量和检查状态，确保票务工作的准确性和规范性。在此过程中，任何细微的差错都可能影响票务系统的正常运行，进而给乘客带来不便。

与上一班同事进行工作交接是岗前准备的重要内容。站务员需认真听取上一班同事关于设备运行状况、未完成事项、乘客遗留问题等方面的详细说明，并在交接本上签字确认。通过工作交接，站务员能够全面了解车站当前的运营情况，确保工作的连续性。同时，站务员需对车站内的售票设备、自动检票机、闸机、自动扶梯、乘客信息显示屏等设施设备进行全面检查，及时发现并报告故障或异常情况，为运营服务提供可靠的设备保障。此外，营造干净整洁的候车环境，也是岗前准备不可或缺的部分，会直接影响乘客的出行感受。

（二）票务工作：精准管理与细致服务

票务工作是站务员的核心工作之一，涵盖售票服务、票款管理和票务处理等多个环节。

在售票服务环节，站务员应在客服中心售票窗口以热情、专业的态度接待每一位乘客。面对乘客对票价、线路不熟悉等问题，站务员需耐心讲解并熟练操作半自动售票机，为乘客提供优质的票务服务。例如，清晰告知乘客目的地的票价、乘坐线路及站点信息，帮助乘客购票（见图3-10）。

图3-10　站务员帮助乘客购票的场景

票款管理要求站务员具备严谨的工作态度和高度的责任心。站务员应定时对售票机和客服中心的票款进行清点、核对，确保票款金额与售票系统记录一致，防止出现账实不符的情况；将清点好的票款按照规定程序封存、上交，并认真填写票款交接记录，保证票款管理的规范性和可追溯性。

在票务处理方面，当乘客遇到无法正常进出站的问题时，站务员需运用专业知识分析原因（如超时、超程、车票失效等），并根据不同情况为乘客办理补票、更新车票等手续，同时耐心解释原因，让乘客理解并配合处理。

（三）乘客服务：以人为本的全方位关怀

乘客服务贯穿站务员工作的始终，体现了"以人为本"的服务理念。在引导乘客方面，站务员需在站厅、站台主动观察乘客，及时为有需求的乘客提供准确的引导服务。无论是指引乘客前往乘车方向、换乘通道、闸机口，还是帮助携带大件行李的乘客使用无障碍电梯，或是为迷路的乘客规划路线，都需要站务员具备良好的沟通能力和对车站环境十分熟悉。图3-11所示为站务员在闸机口进行乘客服务的场景。

图3-11 站务员在闸机口进行乘客服务的场景

咨询服务是乘客服务的重要内容。站务员每天都会面对乘客提出的各种各样的问题，包括首末班车时间、车站周边景点、公交线路等。这要求站务员熟记相关信息，具备清晰、准确表达的能力。对于无法立即回答的问题，站务员应做好记录，及时向相关部门或同事请教后再回复乘客，确保为乘客提供可靠的信息。针对老、弱、病、残、孕等特殊乘客群体，站务员需给予特别关注和帮助（如协助行动不便的乘客上下车，为有视力障碍的乘客提供引导、安排爱心专座等），展现人性化服务的温度。

（四）安全保障：风险防控

安全保障是站务员的核心工作之一，贯穿车站运营的全过程。

在站台安全监控中，站务员需密切关注列车进出站情况和乘客动态，提醒乘客遵守候车规则，防止危险行为发生。一旦发现屏蔽门功能异常、乘客物品掉进轨道、乘客身体不适等异常情况，站务员需立即上报车控室，并按照应急预案进行处理，保障乘客安全和列车正常运行。

站厅秩序维护同样重要。站务员通过在站厅内巡逻，确保通道畅通，防止乘客拥挤、推搡引发安全事故。对于在车站内吸烟、摆摊设点、大声喧哗等违规行为，站务员应及时进行制止和劝导，以维护良好的车站秩序。在突发事件应对方面，站务员需熟悉应急预案，在火灾等紧急情况发生时，迅速启动紧急设备，引导乘客有序疏散至安全区域，安抚乘客的情绪，协助救援人员开展工作，最大限度地保障乘客的生命财产安全。

（五）工作结束：有序收尾与经验沉淀

在工作的收尾环节，站务员应再次对票务设备、票款进行清点核对，确保账实相符；妥善保管剩余的票卡、零钱等物品，为与下一班同事交接工作做好准备。与下一班同事进行工作交接时，站务员应对当班期间发生的重要事件、设备运行情况、未完成事项等进行一一说明，保证工作的延续性。

填写工作日志是总结和沉淀工作经验的重要方式。站务员通过记录当天的工作内容、遇到的问题及处理结果，能为后续工作提供参考，有助于发现工作中的不足，不断改进工作方法，提升工作能力。完成上述事项后，站务员需归还工作所需物品，取回手机，更换工装，完成一天的工作。

这一系列有序的工作流程，确保了车站运营服务的高效、规范和可持续性。

任务四　动画设计师

🔀 **情境导入**　　　　　**动画设计师职业体验**

动画工作室里，项目主管紧急召集全员："客户要求将Q版角色改为写实风格，24小时内提交样片！"

【思考题】

面对风格突变与时间压力，你将如何与团队协作，高效完成创作任务？

一、职业性质与要求

（一）艺术与技术的深度融合

动画设计师（以下简称"设计师"）是数字时代艺术与技术深度融合的典型职业，其工作场景如图3-12所示。

图3-12 设计师的工作场景

在艺术层面，设计师的工作本质是通过视觉语言进行创意表达，所以设计师需要具备深厚的美学底蕴与较强的艺术感知力。从角色设计中的线条勾勒、色彩搭配，到场景绘制中的构图布局、氛围营造，都离不开对传统艺术元素的运用与创新。以角色设计为例，设计师不仅要熟练掌握人体结构、比例等绘画基础知识，还要通过独特的造型设计赋予角色性格特征与情感内涵。例如，迪士尼经典动画角色米老鼠，凭借可爱的外形、夸张的表情，生动地展现出活泼与机灵的特征，深受大众喜爱，成为动画艺术创作领域的经典范例。

在技术层面，随着计算机技术的飞速发展，动画制作已从传统手绘转向数字化、智能化。Animate、Blender、Toon Boom等专业软件成为设计师的重要创作工具，角色建模、骨骼绑定、动态捕捉及特效合成等先进技术为创意实现提供了无限可能。设计师需要精通这些软件的操作方法与技术原理，将艺术构思转化为数字化的动态影像。例如，在三维动画制作中，设计师可运用Maya等软件进行角色建模，通过骨骼绑定技术为模型赋予动作能力，再借助动态捕捉技术采集真实动作数据，使虚拟角色的动作更加自然流畅，实现艺术创意与技术手段的完美结合。

（二）商业需求与创意表达的平衡

设计师的工作紧密围绕商业需求展开，其创作成果需在满足市场需求的同时实现艺术价值。在市场经济环境下，动画作品广泛应用于广告、影视、游戏等多个领域，不同领域对动画作品有着不同的需求。广告动画注重品牌宣传与产品推广，需要设计师在创意中突出产品特点，以吸引消费者的注意力；影视动画则更强调故事性与艺术性，要求设计师通过精彩的画面与情节打动观众；游戏动画则需要设计师将吸引人的画面与游戏玩法紧密结合，为玩家带来沉浸式的游戏体验。

设计师需要深入分析市场趋势与观众喜好，将商业目标融入创意构思。同时，设计师应在保证动画作品商业价值的前提下，坚持艺术追求，避免动画作品因过度商业化而失去艺术内涵。这要求设计师具备较强的市场洞察力与较高的商业敏感度，能够在商业需求与创意表达之间找到平衡点，创作出既受市场欢迎又具有艺术价值的动画作品。

（三）高度协作与创新

动画制作是一个系统项目，设计师在其中扮演着关键角色，需要与不同岗位的人员进行高效沟通与协作：在前期创意阶段，与编剧共同探讨故事脚本，与美术组确定画面风格；在制作过程中，与特效师沟通特效表现，与配音演员调整声音与画面的匹配度；在后期制作阶段，与剪辑师共同调整剧情节奏。这种跨部门、跨专业的协作要求设计师具备良好的沟通能力与团队合作精神，能够准确传达设计意图，理解并整合各方意见，确保项目顺利推进。

在竞争激烈的动画行业中，创新是设计师的核心竞争力。随着审美水平的不断提高，观众对动画作品的创意与品质要求也日益严苛。设计师需要不断突破思维定式，探索新的创意理念、表现手法与技术应用方法。从动画风格的创新（如将中国传统水墨画元素融入动画制作），到叙事方式的突破（如采用多线叙事结构增强故事的吸引力），再到技术应用的革新（如利用VR、AR技术拓展动画的表现空间），创新贯穿于动画制作的全过程，推动着动画行业持续发展。

二、工作内容

（一）创意构思与项目规划

设计师的工作起始于创意构思阶段。在此阶段，设计师需要与编剧、策划人员等深入沟通，共同确定动画作品的主题、故事框架、角色设定等核心内容；通过头脑风暴、创意研讨会等形式，激发创作灵感，将抽象的创意概念转化为具体的视觉方案。设计师还应绘制故事板，以分镜头的形式展现故事情节发展、角色动作与场景变化，为后续进行动画制作提供直观的指导。

同时，设计师还需与美术组、音效组等的成员密切协作，确定场景配色方案、角色服饰风格、音效基调等细节。在这个过程中，设计师需要综合考虑动画作品的整体风格与受众定位，确保所有设计元素协调、统一。

此外，设计师还承担着项目规划的重要职责，需根据项目需求与时间节点，制订详细的动画制作计划，合理分配工作任务，明确各阶段的工作目标与交付成果，为项目的顺利推进奠定基础。

（二）核心创作任务：角色与场景设计

角色设计是动画制作的核心环节之一，设计师需要根据动画作品的世界观与故事背景，从外形轮廓、面部特征、服饰道具等方面对角色进行深度设计。一个成功的角色不仅要具有视觉吸引力，还要通过造型设计展现性格特点、身份背景与情感变化。在角色设计过程中，设计师会参考大量的资料，结合艺术创作手法，进行多轮草图绘制与修改完善。例如，为科幻题材的动画作品设计角色时，设计师可能会融入未来科技元素，通过独特的机械装置、流线型造型展现角色的科技感与神秘感；为传统题材的动画作品设计角色时，则会借鉴传统文化元素（如中国戏曲中的服饰、妆容等），赋予角色鲜明的民族特色。图3-13所示为角色设计示意图。

图3-13　角色设计示意图

场景设计同样至关重要，它为故事的发生提供了空间背景，对营造氛围、推动情节发展起着关键作用。设计师需要运用透视原理、色彩理论与光影处理技巧等专业知识，构建出具有真实感或艺术感的虚拟场景。无论是设计气势恢宏的魔幻城堡、充满科技感的未来都市，还是温馨宁静的田园小镇，设计师都要充分考虑场景与角色的互动关系、镜头运动的视角变化以及场景的功能性需求。例如，在设计战斗场景时，需要合理布局地形、障碍物，为角色动作提供空间支持；在设计对话场景时，则要注重场景的氛围营造，通过色彩、光线等元素突出角色的情感交流。

（三）动画制作：从设计方案到动态影像

动画制作是将设计方案转化为动态影像的过程，主要包括关键帧绘制（见图3-14）、中间帧细化、骨骼绑定与动画调节等工作。

图3-14　关键帧绘制

设计师应根据分镜脚本绘制关键帧，确定角色在不同时间节点的主要动作姿态、表情变化与运动轨迹。进行关键帧的绘制需要兼顾动作的流畅性、节奏感与视觉冲击力，同时还要准确传达角色的情感与性格特点。为了使角色的动作更加真实自然，设计师常常会观察现实生活中的运动规律，或参考专业演员、运动员的动作表演，捕捉动作细节。

在完成关键帧绘制后，设计师需要对中间帧进行细化，通过添加过渡帧使动作更加连贯流畅。这一过程工作量巨大且要求精细，设计师需要对角色的每个动作细节进行反复调整与优化，确保动作自然、合理。

此外，设计师还需运用骨骼绑定技术为角色赋予可动性，通过动画调节工具设置角色的动作参数，使角色拥有复杂动作与表情变化。同时，设计师应使用特效合成技术，为动画作品添加光影、粒子、烟雾等特效，增强画面的视觉冲击力与表现力。

（四）团队协作与项目推进

动画制作是团队协作的成果，设计师需要与多个专业团队紧密配合，共同推进项目。在配音环节，设计师需要与音频组合作，根据角色性格与剧情需求选择合适的配音演员，并在配音过程中记录演员的情绪表达状况，为画面的制作提供参考；通过调整角色的口型、表情与动作，实现声音与画面的精准匹配，使角色更加生动鲜活。

与特效师沟通时，设计师需要明确在角色技能、场景特效等方面的设计需求，共同探讨特效的表现形式与技术实现方案；在保证特效令人震撼的同时，确保特效与整体画面风格相协调，不影响故事的表达。

在与剪辑师的协作中，设计师应参与剧情节奏的调整工作，根据故事情节的发展与角色的情感脉络，对动画片段进行剪辑、拼接，通过镜头切换、时长控制等手段，增强故事的吸引力与感染力。图3-15所示为团队协作工作场景。

图3-15 团队协作工作场景

（五）动画作品打磨与优化

在动画制作完成后，进入作品打磨与优化阶段，设计师需要对画面进行色彩校正，通过调整画面的色调、亮度、对比度等参数，统一画面的色彩风格，增强画面的视觉效果。此外，设计师需要为动画作品添加字幕。添加字幕时，设计师需要考虑字幕的字体、颜色、位置以及字幕与画面的协调性，确保字幕既能清晰传达信息，又不会降低画面的美观程度。

混音是后期制作的重要环节。在这个环节中，设计师需要将背景音乐、角色配音、环境音效等多种音频元素进行混合处理，调整音量大小、音色效果，营造出逼真的听觉氛围，增强动画作品的感染力。同时，设计师需要对动画作品进行整体审核，检查画面、声音、情节等方面是否存在瑕疵，对发现的问题进行及时修改与优化，以精益求精的态度确保动画作品达到最佳水平。图3-16所示为动画作品打磨场景。

图3-16 动画作品打磨场景

任务五　环保宣传员

⤭ 情境导入　　　　　　　　　　**环保宣传员职业体验**

　　各种快递袋、外卖盒、饮料瓶子和零食包装袋缠着落叶，在下雨天总会形成一片浑浊的积水洼，这是我们日常生活中环境问题的真实缩影。

　　【思考题】

　　想一想成为一名合格的环保宣传员应该具备哪些品质？

一、职业性质与要求

　　环保宣传员是绿色理念的"播种者"，也是传播环保理念、推动社会可持续发展的重要力量。该职业兼具专业性和公益性，需要衔接政府、企业、社区和公众等多方，促进环保知识的普及与环保行动的落实，致力于增强社会整体的环保意识和责任感，为环境保护事业提供思想和行动上的支持，关乎人类未来的生态发展。

　　成为一名合格的环保宣传员应具备以下品质。

　　（1）较高的专业素养：需深入理解环保宣传的核心概念与意义，全面掌握《中华人民共和国固体废物污染环境防治法》《生活饮用水卫生标准》等法规及标准的关键条款，熟悉垃圾分类标准、节能减排原理及环境污染的危害性等专业知识，成为"行走的知识库"。

　　（2）出众的沟通能力：能够通过生动的案例、通俗的表达，将专业环保知识传递给不同人群（如老人、孩子、上班族）；掌握针对不同对象的沟通技巧，在模拟问答训练及实际宣传中有效普及环保知识。

　　（3）强烈的责任感与使命感：对环境保护有强烈的责任感，理解个人行动对生态系统的长远影响，真心认同环保理念，以传播绿色理念为使命，激发公众参与环境保护的意识。

　　（4）团队协作精神：在社区环保宣传活动筹备等工作中，明确团队分工，与团队成员协同合作，共同完成设计宣传海报、确定场地、制作互动道具等任务，确保活动顺利开展。

　　（5）灵活应变与主动创新的能力：在宣传活动中，能根据实际情况适时调整策略，如通过主动邀请居民参与游戏来改善现场冷清的局面；在设计宣传材料（如海报、手抄报、短视频）时，具备创造力和审美能力，将晦涩的知识转化为吸引人的内容。

　　（6）逻辑思维与较强的说服力：在校园宣讲、企业宣传等场景中被质疑（如环保与经济发展矛盾、环保措施的实施成本过高）时，能运用逻辑思维，通过数据、案例等有理有据地回应，展现较强的说服力。

> **随堂活动**
>
> 　　活动名称：垃圾分类大作战。
>
> 　　活动形式：情景模拟。
>
> 　　活动步骤：将学生分成几个小组。给每组发一套手写垃圾卡片（如奶茶杯、电池、果皮等）和4个分别标有"厨余""可回收""其他""有害"的纸箱。小组合作，在5分钟内将尽可能多的卡片投入正确的纸箱里。全部卡片投完后，教师公布正确答案，各小组快速检查自己的分类结果，并统计正确数量。

二、工作内容

（一）知识储备与学习

　　系统学习涵盖垃圾分类标准、碳排放知识、生态保护政策等环保相关内容，通过PPT制作、案例讲解等方式深入理解各类知识，如了解一节废旧电池的污染量、塑料袋自然降解所需的时间等数据，掌握向不同人群普及知识的技巧，为开展宣传工作奠定坚实基础。

（二）活动筹备与策划

　　参与社区、学校、企业等开展的各类环保宣传活动的筹备工作，明确团队分工，包括设计色彩鲜艳、通俗易懂的宣传海报，将专业知识转化为漫画等形式；确定活动场地，协调桌椅、音响等设备；制作互动道具，如用废旧纸箱搭建垃圾分类模拟投放箱、用塑料瓶制作环保工艺品；准备有奖问答环节所需的小礼品；等等。在策划环节，通过讨论确定活动流程，如以"知识讲解+趣味互动+实践体验"的形式开展活动，思考如何用开场小游戏吸引居民参与活动、通过情景模拟让垃圾分类知识深入人心等。图3-17所示为环保宣传员进入社区宣讲的场景。

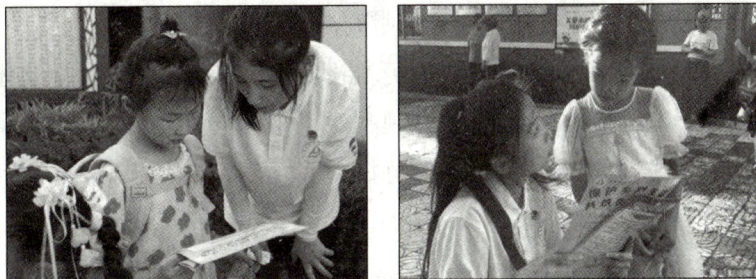

图3-17　环保宣传员进入社区宣讲的场景

（三）宣传活动执行

　　走进社区、学校、企业开展宣传活动。在社区活动中，主动邀请居民参与垃圾分类投掷游戏，发放宣传手册，介绍随意处置常见污染物品的危害性；在知识讲解环节，通过实验演示（如演示塑料袋对海洋生物的危害）增强居民对环保问题的直观认知。在校园宣讲中，面对学生关于"环保会影响经济发展"等质疑，通过情景剧编排、公众演讲等方式宣传清洁能源、循环经济的益处。在企业宣传活动中，用数据向工厂负责人展示运用节能减排技术可降低长期运营成本。

（四）效果反馈与分析

对宣传活动进行复盘，统计相关数据，如一周内走进3个社区、2所学校和1家企业，直接覆盖500人以上，收集居民、学生和职工填写的环保承诺卡等，分析宣传效果。运用数据可视化工具等完成宣传效果分析，为后续改进宣传工作提供依据。

任务六　网络安全工程师

情境导入

网络安全工程师职业体验

一行跳动的代码悄然越过防火墙，核心数据库在30秒内被全线渗透，一群"数字守门员"正以代码为盾，在没有硝烟的战场上构筑防线。

【思考题】

如果未来你想从事网络安全行业，你会从哪些方面提升自己？

在日常生活中，我们可能会遭遇钓鱼邮件与诈骗短信等网络安全威胁。例如，收到伪装成银行的账号发送的邮件，其通常以"账户异常需验证"为由诱导我们点击链接；或收到提醒"中奖""银行卡冻结"的短信，要求我们提供个人信息或转账。对于常见的网络安全威胁，可采取以下应对措施。

（1）增强信息甄别意识：对来源陌生的链接、附件保持警惕，不轻易点击链接或下载附件，通过官方渠道（如直接拨打银行客服电话）核实信息的真实性。

（2）提升安全防护技能：安装并定期更新杀毒软件，启用邮件过滤功能拦截可疑邮件；警惕陌生号码发来的短信，避免掉入诈骗陷阱。

（3）增强个人信息保护意识：不在非可信平台填写敏感信息，如身份证号码、银行卡密码等，降低信息泄露风险。

一、职业性质与要求

（一）网络安全工程师的核心能力

网络安全工程师（其工作场景见图 3-18）是"数字世界的安全守护者"，兼具技术性与责任性：需以专业技术抵御黑客攻击、保护数据安全，同时要以高度的责任感维护企业与公众的信息资产安全。网络安全工程师需具备多种能力，其核心能力如下。

图3-18　网络安全工程师工作场景

（1）理论分析能力：深入理解网络协议（如TCP/IP）、病毒攻击原理（如SQL注入、勒索病毒机制）及病毒防御逻辑，能从技术底层拆解威胁，预判攻击路径。

（2）工具操作能力：精通Wireshark（网络封包分析）、Nmap（端口扫描）、Nessus（漏洞检测）等专业工具，能通过专业工具抓取数据、定位隐患并生成解决方案。

（3）实战攻防能力：在模拟或真实攻防场景中，快速识别系统漏洞（如使用弱密码、未更新补丁），部署防火墙、IDS（入侵检测系统）等防御系统，拦截攻击并记录溯源。

（4）应急响应能力：面对突发安全事件（如数据加密勒索），能迅速分析病毒特征、启动备份恢复机制，与团队协作完成漏洞修复和防护体系重建。

（5）技术学习能力：跟踪AI、物联网等领域的新型攻击手段（如AI生成恶意代码），通过深度学习、技术研讨等方式更新防御技术，确保防御技术与攻击手段同步迭代。

（二）职业性质对应的能力提升

要想提升能力，网络安全工程师可从以下两个方面入手。

（1）构建系统化的知识体系：深入学习网络安全相关知识，如密码学（如对称/非对称加密原理）、网络攻防技术（漏洞利用与防御）、数据安全法规（如《网络安全法》）。

（2）培养安全思维：模拟攻击者视角分析系统弱点，例如从TCP/IP协议层预判端口扫描风险，而非被动应对攻击后果。

（三）职业素养与综合能力

（1）强化沟通与团队协作：在应急响应或技术研讨中，清晰地阐述技术问题（如向非技术人员解释漏洞风险），提升跨部门协作效率。

（2）培养抗压与决策能力：通过模拟限时攻防演练，锻炼在高压环境下快速定位问题、制定防御策略的能力，避免因决策延迟导致数据泄露。

二、工作内容

（一）理论学习与工具操作

（1）通过拆解经典攻击案例（如 SQL 注入案例），理解协议漏洞的利用方式，结合 Wireshark 抓包实践，掌握流量分析的逻辑框架。

（2）针对 Nmap、Nessus 等工具，学习定制化扫描策略（如隐蔽扫描、漏洞严重程度分级），提升漏洞检测的精准性与效率。

（二）实战演练与复盘

（1）参与模拟攻防项目：在虚拟企业网络环境中，通过漏洞扫描、补丁修复、攻击拦截等全流程演练，积累实战经验，缩短从漏洞发现到漏洞处置的时间周期。

（2）复盘真实应急事件：分析应对勒索病毒攻击、暴力破解等的流程，总结备份策略的缺陷、解密协作机制的不足等，优化应急响应预案。

（三）日常监测与持续实践

（1）通过操作安全监测工具，对异常流量（如高频登录尝试）进行溯源分析，掌握 IP 封锁、账号安全加固等常态化防护手段。

（2）关注 AI 与网络安全的融合趋势（如深度学习用于入侵检测），通过技术研讨会、在线课程培训（如奇安信认证培训）学习新型防御技术，保持知识体系的动态更新。

任务七　急救人员

🔀 情境导入　　　　　　　　**急救人员职业体验**

车祸现场伤员昏迷，家属情绪崩溃。急救人员要紧急处理伤情，分秒必争。

【思考题】

作为一名专业的急救人员，应如何高效施救又能有效安抚家属？

一、职业性质与要求

急救人员是保障公众生命安全的重要力量，具有专业性、应急性与公益性三大核心属性。从专业性角度来看，急救人员需系统掌握医学原理、急救技术及设备操作规范，其工作涉及CPR（心肺复苏）、AED（自动体外除颤器）使用、创伤处理等复杂技能，需通过持续学习与实践提升专业能力。应急性体现在急救人员需在医疗资源抵达前抓住"黄金救援时间"，对突发状况做出迅速响应，这对急救人员的心理素质、应变能力及操作精准度提出了极高的要求。公益性则强调急救人员以挽救生命、减少伤残为首要目标，保障公共安全，尤其在校园、旅游地、体育馆、社区等场景中，急救人员可显著提升群体的安全系数，助力构建多层次应急保障体系。

二、工作内容

（一）知识储备与理论学习

（1）医学基础理论构建：系统学习急救医学核心知识，包括CPR原理（如胸外按压对血液循环的推动机制）、AED的电生理作用、创伤处理的病理生理学基础（如出血类型与止血原理）及急救药物药理学。通过课件演示、案例分析及视频教学，理解急救操作的科学依据，例如剖析胸外按压通气比（30：2）的设定逻辑。

（2）法规与政策学习：掌握国家及地方关于急救教育与应急管理的政策文件（如教育部推动校园急救教育的相关通知、地方学校安全管理工作要点），明确所从事职业在社会公共安全体系中的定位与责任，确保操作符合行业规范与法律要求。

（二）技能培训与实践操作

1．核心急救技术训练

（1）CPR与AED协同操作：通过模拟人反复练习"胸外按压（深度5～6厘米，频率100～120次/分钟）—开放气道—人工通气"标准化流程，并结合使用AED，模拟从判断患者意识、启动急救系统，到电极片粘贴、心律分析及电击除颤的全场景操作，以实现CPR、AED使用的无缝衔接。

（2）创伤急救实操：针对不同类型的创伤（如动脉出血、静脉出血、毛细血管出血），学习并演练指压止血法（适用于处理动脉出血）、加压包扎法（通用型止血手段）、止血带止血法（适用于在紧急情况下处理四肢大出血）；学习运用绷带、三角巾进行螺旋包扎、8字包扎等的方法，掌握固定（涉及夹板选择与固定位置选择）及搬运（涉及单人、双人搬运的姿势与力学原理）的规范操作。图3-19所示为教师指导学生实训的场景，图3-20所示为学生进行实践操作的场景。

图3-19　教师指导学生实训的场景

图3-20　学生进行实践操作的场景

2．实战演练

在应急救援实训中心构建真实救援环境，通过分组模拟地铁站、运动赛场、社区等场景中的突发状况，开展多环节协同演练。例如，模拟游客在景区心脏骤停的场景，迅速分工完成CPR、AED使用、呼叫救援及伤员转移，提升在紧急情况下的决策能力与团队协作效率。

（三）职业应用与场景化服务

（1）校园安全保障：教师及校医作为校园里的急救主力，负责处理学生运动损伤、突发疾病（如中暑、癫痫发作）等情况，通过CPR、创伤包扎等操作为后续学生接受医疗救治争取时间，同时承担校园急救知识普及与应急演练组织工作。

（2）旅游与服务行业应急响应：导游、酒店工作人员需在游客突发疾病（如遭遇食物中毒、出现高原反应）、遭受意外伤害（如摔伤、溺水）时，运用AED、止血包扎等实施现场救援，减小事故带来的危害；社区工作者则需掌握基础急救技术，为社区居民提供紧急医疗支持，协助构建基层应急网络。

（3）体育赛事医疗支持：教练、裁判及赛事医疗人员在体育活动中承担运动员伤病处理职责，在运动员出现肌肉拉伤、骨折、心脏骤停等状况时，快速执行止血、固定及CPR等操作，并与专业医疗团队联动，确保运动员及时得到救治。

（四）持续学习与能力提升

（1）技能复训与更新：定期参与急救技能复训，更新对急救指南（如国际复苏联合会的最新指南）的认知，巩固操作规范；学习新型急救设备（如智能AED、便携式生命支持系统）的使用方法，适应技术迭代需求。

（2）案例复盘与经验积累：通过分析真实急救案例（如大规模灾害救援、群体受伤事件处置），总结操作中的优势与不足，优化应急响应流程；参与多部门联合演练（如消防、医疗、社区协同救援），提升跨领域协作能力。

（五）知识传播与社会责任

（1）公众教育与知识普及：作为急救知识的传播者，面向社会开展急救技能培训、科普讲座，增强公众的自救、互救意识，例如，在社区组织CPR与AED使用公益培训，推动"第一响应人"理念的普及。

（2）应急文化建设：参与校园、企业、社区的应急管理体系建设，协助制定急救预案、设计应急演练方案，通过实际行动推动公众营造"人人学急救、急救为人人"的安全文化氛围。

任务八　调酒师

🔀 情境导入　　　　　　　　　**调酒师职业体验**

晓雨因纪录片迷上调酒，选择职校学习调酒技艺并获奖，计划成为专业调酒师；好友小林则考入大学攻读金融。两人不同的成长路径，体现了职业教育培养应用型人才与普通教育培养学术型人才的差异。

【思考题】

如果你是晓雨，你会如何规划自己的职业？

一、职业性质与要求

调酒师是融合技术实操、美学创造与客户服务的复合型职业，兼具艺术性、服务性与商业性三大核心属性。艺术性体现在调酒师需将酒水知识与创意灵感结合，通过精准的配比、娴熟的技法和独特的装饰，将基酒、辅料转化为兼具视觉美感与风味层次的饮品，其创作过程类似于艺术创作；服务性体现在调酒师需直面客户需求，在掌握专业调酒技术的同时，具备较强的沟通能力与服务意识，能根据客户偏好、场景需求定制饮品，为客户提供个性化服务；商业性则体现在调酒师不仅要精通酒水调制，还要了解酒吧运营管理知识（涉及成本控制、库存管理、营销策划等内容），助力酒吧提高经济效益。此外，调酒师与餐饮、酒店、娱乐等行业紧密关联，在优化客户消费体验、推动行业发展方面发挥着重要作用，是现代服务业中不可或缺的专业角色。

二、工作内容

（一）专业知识储备

（1）酒水知识体系构建：系统了解各类酒水的特性，包括威士忌、白兰地、朗姆酒等基酒的酿造工艺、风味差异（如波本威士忌的香草气味源于美国白橡木桶，雪莉桶赋予苏格兰威士忌葡萄干般的气息）；掌握利口酒、葡萄酒、啤酒等辅料的风味特点与适用场景；熟悉不同酒水的品鉴方法，通过观察色泽挂杯度、嗅闻香气层次、品味余韵建立风味记忆库，为酒水搭配与创意调制奠定基础。图3-21所示为酒水品鉴课上课场景。

图3-21　酒水品鉴课上课场景

（2）调酒理论学习：研习调酒原理（如分子调酒技术中奶洗、萃取等工艺）对风味的影响；掌握"风味轮"工具的运用，理解酸、甜、苦、咸、鲜的黄金比例（如鸡尾酒的pH值调节对口感的影响），为创意调酒设计提供理论支撑；学习酒水搭配原则，根据不同菜系、场合选择适配饮品。

（二）核心技能训练

（1）调酒实操：从基础动作练习入手，掌握雪克壶、量杯、吧匙等工具的使用技巧，通过反复训练提升手腕发力角度、冰块撞击频率、摇壶时间等，形成肌肉记忆；熟练调制经典鸡尾酒，如玛格丽特、马天尼等；进阶学习创意调酒技法（包括特色装饰制作、分层调酒、分子料理技术应用等），实现从标准化制作到个性化创作的跨越。

（2）客户服务能力培养：学习沟通技巧，能准确理解客户需求，根据客户偏好、场景需求推荐或定制饮品；掌握处理客户投诉、醉酒等突发状况的方法；注重服务细节，从饮品呈现到互动交流，全方位提升客户体验。

（三）职业场景实践

（1）酒吧运营管理。参与酒吧日常运营工作，学习计算酒水成本率、设计吧台布局动线，确保酒吧高效运营；负责库存管理（如珍稀酒管理），合理规划酒水采购与存储，避免损耗；参与营销策划，结合节日、主题设计特色饮品与活动，提升酒吧的吸引力；模拟处理酒吧经营中的各类问题，如客户纠纷、人员调配等。图3-22所示为创意酒水设计和调制。

图3-22 创意酒水设计和调制

（2）赛事与创意挑战。参加职业技能大赛，在高强度训练中提升操作精度与创意能力，如在30秒内精准量取多种基酒、完成复杂装饰制作；应对比赛中的突发状况，如原料替换，锻炼临场应变能力；通过自创鸡尾酒，将文化元素（如文学作品、传统节日）融入饮品创作，展现专业深度与创新思维。图3-23为省级技能大赛酒水服务赛项比赛场景。

图3-23 省级技能大赛酒水服务赛项比赛场景

（四）职业发展与创新

（1）技能进阶与认证：持续学习行业前沿知识，掌握新型调酒技术、设备使用方法；获取高级调酒师等专业资格，提升职业竞争力；关注国际调酒潮流，与行业标准接轨。

（2）个性化职业规划：立足行业发展与个人兴趣，制定清晰的职业发展路径，如从初级调酒师成长为酒吧经理、品牌顾问；探索创新方向，将本土文化（如二十四节气、传统饮食文化）融入调酒创作与酒吧运营，打造差异化特色，推动行业文化传承与创新发展。图3-24所示为学生毕业后在酒店工作的场景。

图3-24　学生毕业后在酒店工作的场景

（五）职业教育衔接与价值体现

（1）紧密围绕调酒师岗位需求设计职业教育课程，通过酒水品鉴、调酒基础、创意设计、酒吧运营等模块化课程，实现理论与实践的深度融合；引入企业真实项目（如主题酒吧策划）、技能大赛等实战场景，提升学生解决实际问题的能力。

（2）采用多元化评价方式，既考核调酒操作的规范性、创意饮品的创新性，又评估客户服务能力、酒吧运营方案的可行性；以行业标准为参照，通过技能竞赛、企业实习、职业资格认证等检验学习成效，确保人才培养与行业需求无缝对接。

> **实践活动**　　**新兴职业"体验官"——未来职业探索实践活动设计**
>
> 活动目标：激发学生对新兴职业的探索兴趣，培养职业创新意识及适应能力。
>
> 活动过程：
>
> 活动前，根据班级人数分成3～5组，每组选择一个新兴职业，教师引导学生思考并讨论。每组根据选择的新兴职业，结合职业核心工作内容等，依次展开活动。小组派出代表讲解核心工作内容与流程；小组内其他成员同步进行模拟实操展示；现场其他同学提问、探讨等。
>
> 教师结合以上活动，向学生阐明"新兴职业变化快，但都需要硬技能和软素养"这一主旨，同时要求每位学生根据"最想深入了解的新兴职业与对应的行动计划"写一份报告，后期在课堂上交流分享。

项目四

职业教育的起源与发展

学习目标 ↓

1. 理解古代职业教育的起源及形式，了解近现代职业教育的发展历程。

2. 对比不同古代职业教育形式的特点及历史作用；结合《中华人民共和国职业教育法》（后文简称《职业教育法》）的修订内容，探讨如何消除社会对职业教育的偏见。

3. 理解职业教育在解决社会问题中的现实意义，增强对"技能强国"的认同感；感悟从"实业救国"到"技能强国"的百年探索中，职业教育对国家振兴的作用，培养家国情怀和社会责任感。

任务一　古代职业教育的起源及形式

情境导入　　仰韶窑火里的千年匠心

假设你穿越到新石器时代的仰韶文化时期，你可能会看到一群工匠正在制作精美的彩陶。一位经验丰富的老师傅手握陶坯，一边示范淘洗泥土、塑形刻画，一边向年轻学徒讲解："陶器要经得起火炼，制作彩陶需先选泥、再揉泥，拉坯时手要稳，刻画花纹时要顺应陶器的弧度……"不远处，另一位老者手持木耒，向围坐的族人传授耕作技巧；"春种秋收，需依天时而动；深耕浅种，才能五谷丰登。"

【思考题】

1. 这些场景中隐藏着哪些原始的职业教育活动？

2. 如果没有师徒传承或家族技艺的延续，古代社会的技术文明将如何延续？

3. 今天的职业教育与数千年前的技艺传承，是否有一脉相承的关系？

4. 从古代"设官教民"到现代为职业教育提供法律保障，你认为职业教育地位的提升反映了哪些社会需求的变化？这对当代青年选择职业道路有何启示？

一、古代职业教育的起源

原始社会的人们过着刀耕火种、男耕女织的生活。为了生活的延续，原始社会的人们必须对年轻一代进行教育，将在生活中积累的知识、技能和经验一代一代传递下去，这便是原始的职业教育形式。

原始社会后期，人类有了社会分工。畜牧业和手工业的快速发展，为职业教育的产生创造了条件。统治者产生了教化民众的理念和行为。神农氏不但教民众如何耕种，也教给民众基本的农具制作方法。有了这两种技能，原始氏族时期的先民们就可以更好地进行农耕活动，更科学地掌握自然规律，这便是中华民族最早的职业教育。虽然这种教育不是由专门的教育机构实施的，从事教育活动的人也不是专业的教育工作者，但它确实起到了教化民众、向民众传授实用生活技能的目的，所以我们可以把它看成中华民族职业教育的萌芽。

在我国古代，职业分化程度较低，农业、畜牧业占主导地位，虽然当时也有官吏、教师、僧侣、手工业者、商贩等职业，但从事这些职业的人数量少且这些职业多是世袭的或半世袭的，因此我国古代没有建立起开放的社会化职业教育体系。

> **随堂活动**
>
> 活动名称：穿越时空之"神农氏小课堂"。
>
> 活动形式：角色扮演+情境模拟。
>
> 活动步骤：
>
> 1. 将教室布置成原始部落（可用绿植、麻布装饰）；
>
> 2. 选出一名学生扮演神农氏（可戴草帽、披"兽皮"），其他学生扮演原始部落成员；
>
> 3. "神农氏"用简单道具（木棍、草绳）示范制作原始农具；
>
> 4. 分组比赛：用橡皮泥/纸板模拟制作耒耜，并讲解其用途；
>
> 5. 延伸讨论：如果你们是神农氏，还会教授民众哪些生存技能？

二、古代职业教育的形式

（一）艺徒制

在我国古代职业教育中，艺徒制是最为普遍、受教育者人数最多的教育形式，也是保持时间最长的教育形式。

1. 艺徒制的雏形

职业教育的萌芽和先民们的社会生活紧密相连。在农业和畜牧业方面，"教民以猎""教民以渔""教民以耕"等职业教育活动十分活跃；在手工业方面，除了石器、骨器、木器等，还出现了陶器、纺织品等。例如，考古出土的仰韶文化时期的细泥彩陶、良渚文化时期的玉器，都堪称工艺精品。工艺精品的制作离不开技艺高明的工匠，而工匠的技艺是学来的。例如，制陶每道工序都有严格的工艺要求。因此，制陶者必须接受严格的训练。在此背景下，艺徒制的雏形已经出现。

2. 艺徒制的发展

由于农耕技术的进一步发展，手工业和商业开始繁荣，大批奴隶被迫进入官营手工作坊劳动，专为满足奴隶主阶级的需要。这种作坊的分工已相当细，如建造城郭、宫室，制作衣食、车骑、兵器、乐器，以及其他生活用具。这些工匠一般被称作"百工"。西周时期，为了保证奴隶主阶级获得精美的工艺品，百工被列为朝廷的"六职"之一。官营手工作坊从全国各地网罗了各种精通专业技艺的工匠，这些人一般都掌握着祖传的技艺。在官营手工作坊中，工匠们经常聚集在一起，相互观摩、相互学习。久而久之，一些优秀的工匠被提升为"工师"。工师主要负责组织管理生产、传授技艺。在这种制度下，官营手工作坊逐渐成为培养技术工人的"大学校"，我国最早的艺徒训练便产生于其中。

春秋战国时期，官营手工作坊的规模已经相当庞大，而大规模的生产离不开分工，因此艺徒制得到了发展。这种技术培训模式为当时的社会培养了一大批专业工人和各种有专业才能的人，如在中国历史上为大家所传颂的机械制作能手鲁班、铸剑高手干将和莫邪等。

3. 艺徒制的完善

唐代官营手工作坊的发展，促进了艺徒制的完善。中央及地方都设有管理官营手工作坊的机构，从而在全国形成了一个庞大的系统，这些官营手工作坊均采用艺徒制，培养了大批能工巧匠。少府监从民间征用了各种不同专业的匠人，然而只靠从民间征用匠人很难保证技术的统一和稳定。因此，朝廷在少府监内推行艺徒制，少府监一边组织生产一边培训技术工人。

唐代少府监制定了严格的培训制度，形成了比较完备的艺徒制。它不但划分了不同的工种，而且对不同工种的学习年限进行了规定，并且建立了一套严格的考核制度和师徒训练方式。一般由身怀高超技艺或熟谙生产技术的人来充当官营手工作坊的工师，他们既是生产管理者，又是传艺者。他们的传艺程序一般是先"立样"，即制造出标准件，进行示范和讲解，然后让学徒学习模仿，这些活动都是在生产过程中进行的。这就是我国古代艺徒传授的基本方法。

我国古代的艺徒制是学徒边从事生产边接受技艺教育的一种教育形式，它是对世袭工艺技能的一种传承，在夏商周时期萌芽，春秋战国时期逐渐发展，而后日益成熟，地位开始巩固。但是随着封建王朝的覆灭，学校职业教育开始出现，中国古代的艺徒制也就走向了衰落。

（二）设官教民

设官教民，即国家在管理机构中设立专门的部门和官员，负责对新农业知识、新农具进行传播和应用，指导农民生产。由于受政府监管，设官教民具有强制性，在中国古代农民职业技术教育中效果明显。

这种职业教育形式或技艺传授方式萌生于原始部落时期。据《史记·周本记》记载，"后稷"意为司农之官，负责主管部落的农事安排，劝导和教育人们按季节耕种，因地制宜从事各类生产活动。此时的司农之官对人们进行的农业生产知识和技艺传授是设官教民的雏形。

设官教民随着我国古代社会的变革而时兴时衰，对为生产技艺的传播和普及起到了不可替代的作用。

（三）私学教民

私学源于春秋时期，当时诸子百家开设私学教授门徒，很多都以职业教育为教学内容。比如，墨家传授科学知识和生产技术，农家传播农业生产技术和经验。从某种程度上说，私学为生产技术的传播和推广做出了巨大的贡献。

奴隶社会末期，官学衰败，一些官员流散到了民间，他们著书立说，组织学派，并开设私学收徒。这样，官员将本来密藏于官府的技术带到了民间，这对技术普及和文化下移大有裨益。官员投入民间生产实践后，促进了技术的发展和改进。

战国时期，代表小生产者利益的墨家主张消弭社会等级，强调社会实利，在教育上重视经验积累和实践，并以此为主旨和指导思想开办私学，传授生产和科学知识。其传授内容除涉及农业、手工业、军事，还涉及数学、力学、光学等。此外，墨家还主张在私学中学习和劳作。

（四）技艺家传

技艺家传是我国古代较为普遍和易行的一种职业教育形式。由于受等级制度和社会环境的影响和制约，社会底层的民众基本无法接受正规的教育。为了生存，他们便谋求一技之长，并以此为生。

在这种背景下，技术在家庭中、父子间得以传承和精进。例如，针织、刺绣、印染等民间技术都是通过家族世代相传而得以保留下来的。又如，《本草纲目》的作者李时珍，其祖父和父亲都是名医；伟大的史学家司马迁也继承了父业。再如，各地的许多品牌产品都通过家族传承，如杭州的"张小泉剪刀"等。

此外，一些从事手工业的家族甚至以职业为姓，如我国周代出现的陶氏（陶工）、索氏（绳工）、樊氏（篱笆工）、长勺氏（酒器工）等。家传世学的教育中贯穿着晚辈尊敬长辈和长辈关爱晚辈的情感主线。这条主线使"尊亲"和"爱慈"的伦理观萌发并充盈起来。

我国古代职业教育源远流长，经历了萌芽、鼎盛、缓慢发展3个时期，到了封建社会晚期才开始衰败。

随堂活动

活动名称：职教形式擂台赛。

活动形式：知识竞技+创意展演。

活动步骤：

1. 快问快答：区分艺徒制、设官教民、私学教民、技艺家传；
2. 课程设计：为古代工匠设计现代职业教育课程；
3. 文物解说：根据一些青铜器上的纹样推测古代的工匠培养方式；
4. 奖项设置：颁发"巧手鲁班奖""智慧墨翟奖"等。

任务二　近现代职业教育的发展历程

情境导入　从"实业救国"到"制造强国"：一所百年学校的时代答卷

1912年，江苏南通的张謇望着长江畔轰鸣的纺织机，创办了我国第一所纺织专门学校。这所学校打破"重仕轻技"的传统观念，将课堂设在车间，学生白天操作进口纺织机，夜晚学习机械制图。这所学校培养出的首批毕业生成功改良了传统纺织机，使国产棉布的生产效率得到了极大提升。

百年后的今天，这所学校已摇身一变为一所现代职业院校。校园里，数控加工中心的金属切削声与百余年前的纺织机轰鸣声遥相呼应。在智能制造产业学院，学生们正运用工业机器人完成精密零件加工。这所学校的毕业生始终与国家工业化进程同频共振。

【思考题】

1. 我国职业教育是如何实现从救亡图存到支撑民族复兴的跨越的？
2. 职业教育是如何突破传统观念的桎梏，在战火纷飞中艰难起步，在改革开放的浪潮中发展壮大的？

我国近代意义上的职业教育是与近代大工业生产方式联系在一起的，它以各级学校为依托，逐步形成了一个较为完整的体系。我国近代职业教育肇始于西学东渐时期西方文化对我国文化产生巨大冲击的历史背景下。工业革命的兴起，标志着人类的生产方式由手工劳动向近代机器大生产转变。我国近代机器工业的产生是我国近代职业教育产生的最根本的推动力，为我国近代职业教育的产生提供了深厚土壤并使之不断发展。

一、国家职业教育——职业学校的产生

（一）实业学堂的兴办

实业学堂是清末各种农工商矿类学校的总称，萌芽于戊戌变法时期。

清末的实业学堂分初、中、高3等。初等实业学堂相当于高小程度，有农业、商业、商船3类，修业期3年。中等实业学堂相当于普通中学程度，有农业、工业、商业、商船4类，修业期预科两年，本科3年。高等实业学堂相当于大学预科程度，分类同中等实业学堂，修业期预科一年，本科3年（农业学堂的农学科4年毕业）。

我国近现代职业教育的发轫，源于拯救民族危亡、御外图强，自主发展；我国近现代职业教育的开端，起于学习借鉴、消化吸收、本土创新。

我国近代职业教育在鸦片战争后经过多年的发展，特别是在清末新政的推动下，至辛亥革命前已初具规模。据不完全统计，1909年全国共有实业学堂254所，学生16 649人。

（二）实业教育制度的确立

甲午海战后，实业界、思想界都意识到只有实业才能救国，于是我国出现了"实业救国"的思潮。张之洞于1898年发表了洋务派的代表作《劝学篇》，系统地阐述了洋务派对我国近代化的基本观点，成为我国近代实业教育的开创者和实践者。

随着实业教育思潮的不断传播及实业学校的大力兴办和发展，越来越多的人逐渐意识到要使学制制度化和规范化。1902年，《钦定学堂章程》（即壬寅学制）颁布，首次纳入实业教育，划分出简易实业学堂、中等实业学堂和高等实业学堂3个层次，构建了职业教育体系的初步框架，但此制并未实行。1904年，清政府颁布了由张白熙、张之洞等人共同制定的《奏定学堂章程》，也就是癸卯学制。癸卯学制是我国第一个比较完整并在全国范围实际推行的学制，标志着我国近代实业教育制度的确立。1905年，清政府设立了实业司来管理全国的实业学校，针对实业教育的发展制定了一系列相配套的章程。至此，实业教育制度在形式上已基本完备，对实业教育的发展起到了极大的促进作用。

（三）职业教育制度的确立

虽然我国在清末就已经历了实业教育思想的兴起，创办了实业学堂，并确立了实业教育制度。但是在近代职业教育的发展历程里，这还只是初步发展阶段，因为此时的实业教育还不是现代意义上的职业教育，两者有本质的区别。

1911年，陆费逵在《教育杂志》上撰文指出应重视职业教育，并把职业教育与人才教育、国民教育并重。这是"职业教育"第一次出现在中国人的文章中。

近代职业教育制度的确立，很大程度上得益于中华职业教育社的推动。1913年，黄炎培发表《学校教育采用实用主义之商榷》，针对学校教学学用脱节、教育脱离生活的弊病，主张采用实用主义教育，进而提出职业教育。1917年，蔡元培、梁启超、黄炎培等48人联合创立了中华职业教育社。中华职业教育社以倡导、研究和推行职业教育，改革脱离生产劳动、脱离社会生活的传统教育为职责，以"谋个性之发展，为个人谋生之准备，为个人服务社会之准备，为国家及世界增进生产力之准备"为目的，追求"使无业者有业，使有业者乐业"的理想，有力地推动了我国近现代职业教育的发展，也在很大程度上为职业教育地位的确立奠定了基础。

1922年颁布的壬戌学制明确用"职业教育"取代清末以来的"实业教育"，这在职业教育的发展历史上具有重大意义。

随堂活动

活动名称：实业学堂招生大比拼。

活动形式：情景模拟+海报设计。

活动步骤：

1. 模拟实业学堂中的场景，制作招生海报（需包含体现实业救国思想的口号）。

2. 围绕"您是如何说服农家子弟放弃种田来上学的"等问题给张之洞写一封信。

二、我国职业教育之父——黄炎培

（一）生平简介

黄炎培（1878—1965年），是现代民主革命家、著名教育家及我国近代职业教育的创始人、奠基人，也是我国近现代职业教育思想的集大成者。

1917年，黄炎培联合国内各界知名人士在上海创立了我国第一个以倡导、研究和推行职业教育为职责的全国性机构——中华职业教育社，全力从事职业教育活动。1918年，黄炎培在上海创立中华职业学校，这是我国第一所以"职业"命名的学校。

黄炎培注重调查研究，通过在国内外进行实地考察，对我国传统教育的弊病有了深入的了解。他认为要从根本上解决教育与职业分离、学校与社会脱节这一问题，必须提倡和推行职业教育。

（二）黄炎培的职业教育思想

黄炎培将大量心血倾注于发展中华职业教育社和中华职业学校。在当时的社会中，职业教育被贬为"吃饭教育"，职业学校被视为"作孽学校"。面对民众对职业教育的不理解，黄炎培带领中华职业教育社的同仁亲自试验，自办职业学校，取得了显著实效，形成了丰富的职业教育思想。黄炎培的职业教育思想主要体现在以下方面。

1. "有业乐业"的职业教育目的

"使无业者有业，使有业者乐业"，是黄炎培职业教育思想中的职业教育目的，也是对其教育理念中的"爱国爱民"的高度概括。黄炎培创办职业教育的初衷是"下决心为大多数平民谋幸福"，目的是解决当时国家存在的生计问题，通过职业教育富国强民。

"使无业者有业，使有业者乐业"这个表述既体现了黄炎培对职业教育本质的认识，也体现了不同历史时期提出的职业教育的共同之处。从无业到有业，从有业到乐业，体现了职业教育既可以解决个人生计问题和社会失业问题，又可以使有业者热爱其职，具有促进个体发展和社会发展的功能。

2. 社会化、科学化、平民化的职业教育办学方针

黄炎培提出："办职业教育，须注意时代趋势与应走之途径，社会需要某种人才，即办某种学校。"因此，"职业学校……从其本质来说，就是社会性；从其作用来说，就是社会化。"职业学校在办学过程的每一个环节都应该考虑社会的需求。黄炎培强调职业教育要"社会化"，职业学校办学要"社会化"。为此，他于1926年提出了"大职业教育主义""办职业学校的，须同时和一切教育界、职业界努力地沟通和联络；提倡职业教育的，同时须分一部分精神，参加社会的劳动""职业教育是绝对不许关了门干的，也是绝对不许在书本里讨生活的"。

黄炎培重视职业教育的科学化，即运用科学的方法解决职业教育中的各种问题。这主要是因为职业教育在当时还属于新兴教育，需要科学的方法来引导。

黄炎培还认为，职业教育应该平民化，要充分考虑劳动人民的利益诉求。实现该诉求的方式是为提高平民的知识水平和技术技能而兴办职业学校。这为提升平民的谋生技能做出了巨大贡献，也为解决社会失业问题、个人生计问题提供了帮助。

3. 做学合一的职业教育教学原则

黄炎培主张："职业教育的目的乃在养成实际的、有效的生产能力，欲达此种境界，

需要手脑并用。"

黄炎培提倡的做学合一可概括为："一面做，一面学，从做里求学。"他认为："故手、脑二者联络训练，一方增进世界之文明，一方发展个人天赋之能力，而生活之事寓其中焉。"黄炎培认为只有在实习中才能真正地学会运用知识，这也是贯彻做学合一的有效路径。他还提出："职业教育实习是重。"由此可见，作为职业教育教学原则，做学合一融合了从理论学习到实践操作的衔接过程，倡导在掌握理论知识的同时锻炼实践能力。

4．敬业乐群的职业道德教育准则

"敬业"是指专心致力于学业或工作，"乐群"是指乐于与同事、朋友一起切磋、交流。黄炎培把"敬业乐群"当作职业道德教育准则，将其作为中华职业学校的校训，并亲书成匾，公示在教育馆礼堂讲台上，以此教育学生。

> **随堂活动**
>
> 活动名称：职业教育问题调研。
>
> 活动步骤：
>
> 1．学生分组扮演"黄炎培考察团"，观察并记录教室里的职业教育问题。
>
> 2．分析职业教育问题产生的原因，并给出解决方案。

三、我国现代职业教育的产生与发展

自1922年近代职业教育制度确立以来，我国职业教育开始走上现代化探索之路。历经百年，我国已建成世界规模最大的职业教育体系。

党的十一届三中全会开启了改革开放历史新时期。改革开放后，我国经济蓬勃发展，社会和谐稳定，职业教育领域焕然一新。

1986年，第一次全国职业技术教育工作会议召开，规划了我国未来职业教育的发展方向和任务措施，这标志着我国职业教育事业开启了新的发展历程。

1996年，《职业教育法》颁布，确立了职业教育的法律地位。1998年，《高等教育法》颁布，以法律形式规定了高等职业教育是高等教育的重要组成部分。同年，《面向21世纪教育振兴行动计划》颁布，要求改革、改组和改制高等专科学校、职业大学和独立设置的成人高校，且允许部分符合条件的中专改办成高等专科学校和职业大学等。2002年，国务院发布的《关于大力推进职业教育改革与发展的决定》提出"扩大高等职业教育的规模"，高等职业教育获得跨越式发展。

2019年，《国家职业教育改革实施方案》为新时代职业教育发展做出了决策部署，标志着我国职业教育发展迎来硬核时代。

2020年，教育部等九部门联合印发《职业教育提质培优行动计划（2020—2023年）》，标志着我国职业教育正在从规模发展迈向提质培优、增值创新的高质量发展阶段，为经济社会发展提供了强有力的人才和技术支撑。

2021年10月，中共中央办公厅、国务院办公厅印发的《关于推动现代职业教育高质量发展的意见》明确了两个主要目标：一是到2025年，职业教育类型特色更加鲜明，现代职业教育体系基本建成，技能型社会建设全面推进；二是到2035年，职业教育整体水平进入世界前列，技能型社会基本建成。

2022年4月，新修订的《职业教育法》明确了职业教育是与普通教育具有同等重要地位的教育类型，明确国家鼓励发展多种层次和形式的职业教育。这从法律层面提升了职业教育的地位，有助于改变社会对职业教育的传统看法，促进职业教育与普通教育协调发展。

随堂活动

1. 谈一谈你对职业教育来自古代人民的社会生产劳动的理解。

_____

_____

_____

2. 黄炎培的职业教育思想有哪些特点？

_____

_____

_____

_____

实践活动

活动名称：调研活动。

活动目标：

1. 帮助学生认知职业教育的起源与发展，深入了解职业教育。

2. 锻炼学生的表达能力、倾听能力和分析能力。

活动步骤：

让学生到本校或其他职业院校进行调研，了解各个职业院校的起源和发展历程，并搜集职业教育起源与发展的相关故事，制作成PPT在课堂上汇报。

项目五

横向融通、纵向贯通的现代职业教育体系

学习目标 ↓

1. 了解不同教育阶段的职普融通。
2. 了解职业学校教育和职业培训的区别。
3. 掌握现代职业教育体系的内容。

任务一　横向融通的现代职业教育

情境导入　　　　　　中小学生参与职业体验活动

为进一步增强职业教育的社会影响力，推进职普融通，让广大学生通过"走进一所学校、体验一个项目、了解一门职业、感受一种文化"，树立基本的职业观和建立职业认知，2024年5月25日，安徽某职业技术学院组织开展芜湖市中小学生职业体验活动，吸引了15所学校的2 000名学生参与。

此次职业体验活动依托安徽某职业技术学院产教融合实训基地、专业实训室，融合"职业性"和"体验性"，包含10个贴近中小学生的认知特点、反映真实职业情境和职业岗位的项目。"3D打印体验"项目让学生们直观体验了"想出来—画出来—做出来"的"蜕变"之旅；在"房车露营地参观体验"项目中，学生们感受到了"自然、野趣、益智、亲为"的露营休闲文化；在"感受直播魅力"项目中，学生们现学现用，变身"主播"，体验了直播带货的乐趣；在"飞机知识科普及乘机体验"项目中，学生们走进飞机全动模拟舱，化身为"机长""副驾驶"，操纵"飞机"起飞和降落；在"航空模型手工制作及飞行沉浸式体验"项目中，学生们通过动画观看、航模制作、放飞演练等方式了解到了无人机在生活中的运用；在"工业机器人运行与操作"项目中，学生们在初探机器人世界、机器人趣味竞技等活动中循序渐进，一步步走进机器人的世界，感知和体验科技的魅力；在"铁画欣赏与文创研习"项目中，学生们了解到"以锤为笔，以铁为墨，以砧为纸，锻铁为画"的铁画创作方式，并创作

了铁画作品；在"智慧加工"项目中，学生们现场体验通过MES（制造执行系统）下单，领略AR、VR场景，对智能制造发展现状有了更深入的认识；在"走近新能源汽车"项目中，学生们了解到了新能源汽车的结构、电能驱动汽车的原理；在"安全技能模拟仿真训练"项目中，学生们体验了CPR、海姆立克急救法与外伤包扎，加深了对救护流程的理解和记忆。

【思考题】

1. 学生在中小学阶段有必要参与职业体验活动吗？

2. 学生在中小学阶段参与职业体验活动对未来进行职业生涯规划和职业选择有无帮助？

2021年10月，中共中央办公厅、国务院办公厅印发的《关于推动现代职业教育高质量发展的意见》提出："促进不同类型教育横向融通"。促进职业教育的横向融通，就是要构建职业教育和其他类型教育之间的"立交桥"，推动职业教育与普通教育、继续教育、职业培训有机衔接、融合发展。推动职业教育和普通教育融通，可以给学生提供更多选择机会和上升通道；推动学历教育与继续教育、职业培训融通，有利于发展面向人人的终身教育。

一、职普融通，为多元发展铺路

职普融通，即职业教育与普通教育融通发展，这是一种全新的教育发展模式，通过一定方式、政策和机制，整合普通教育与职业教育资源，实现教育资源共享、贯通、互认，达到协同发展、共育人才的目的。

推进职普融通是党的二十大作出的重大战略部署。党的二十大报告指出："统筹职业教育、高等教育、继续教育协同创新，推进职普融通、产教融合、科教融汇，优化职业教育类型定位。"《关于推动现代职业教育高质量发展的意见》提出："促进不同类型教育横向融通。加强各学段普通教育与职业教育渗透融通……"职普融通、产教融合是党的二十届三中全会为现代职业教育发展指明的方向，加快构建职普融通、产教融合的职业教育体系，是落实教育、科技、人才一体化发展战略的必然要求。

不难看出，职普融通在未来也将成为促进我国教育高质量发展的重要一环，因此实行职普融通势在必行。职普融通成为我国职业教育改革的重要方向。2022年，新修订的《职业教育法》规定："统筹推进职业教育与普通教育协调发展"，从法律层面确立了职普融通的方向。图5-1所示为教育阶段和教育层次关系图。

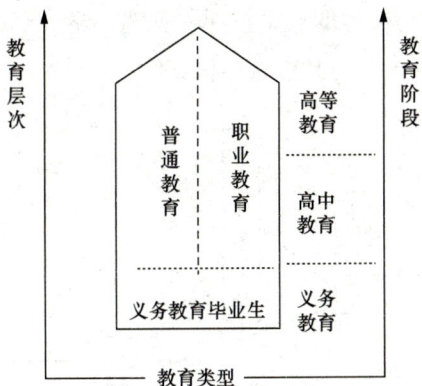

图5-1　教育阶段和教育层次关系图

（一）学前与义务教育阶段的职普融通

学前和小学阶段作为我国国民教育体系中的起始阶段，是公民接受个体教育的关键时期，也是公民成长和培养素质的重要阶段。在此阶段，孩子无论是对自我还是社会、职业及劳动的认知都尚浅，其世界观、人生观、价值观也尚处于基础形成阶段。孩子对职业和劳动的认知多停留在职业体验、职业感受、劳动体验等直观层面，所以，这个阶段的职普融通更多地体现在教育理念层面。职业体验、职业启蒙是较为常见的融通模式，即通过职普融通落实劳动教育思想，这是现代职业教育的起点，具有促进职业教育和普通教育融通的作用。

在初中阶段，除了职业体验以外，综合实践活动课程也可以作为职普融通的载体，为学生提供学科知识的整合与应用情境。教育部2017年印发的《中小学综合实践活动课程指导纲要》中提出："综合实践活动是国家义务教育和普通高中课程方案规定的必修课程，与学科课程并列设置，是基础教育课程体系的重要组成部分。"综合实践活动的主要方式包括考察探究、社会服务、设计制作、职业体验等。在课时安排上，小学1～2年级，平均每周不少于1课时；小学3～6年级和初中，平均每周不少于2课时。

学前与义务教育阶段是个人职业生涯的准备期，是技能认知的敏感期，亦是职业发展的关键期。在此阶段开展职业启蒙教育、强化义务教育阶段的劳动技能教育，可夯实职普融通的基础。

（二）高中教育阶段的职普融通

当前，我国高中阶段的教育总体分为普通高中教育与中等职业教育两种类型的教育，学生在初中毕业后按照成绩或兴趣进入不同类型的学校。两类教育就像"车之两轮""鸟之两翼"，缺一不可。

2019年，国务院办公厅印发的《关于新时代推进普通高中育人方式改革的指导意见》提出："鼓励普通高中与中等职业学校课程互选、学分互认、资源互通，促进普职融通。"图5-2所示为职业教育与普通教育融通框架图。

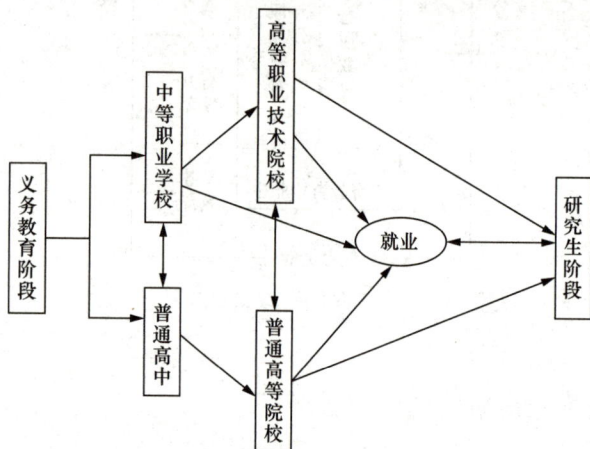

图5-2　职业教育与普通教育融通框架图

2022年，新修订的《职业教育法》明确指出："在义务教育后的不同阶段因地制宜、统筹推进职业教育与普通教育协调发展。"这在法律层面明确了高中阶段教育发展的思路：高中阶段职业教育与普通教育协调发展。职业教育与普通教育协调发展的根本目的是充分尊重和满足每个学生接受高中阶段教育的选择权，为其提供多样化、更加合适的教育，促进学生全面而有个性地发展。党的二十大报告也明确提出"坚持高中阶段学校多样化发展"。在此背景下，职普融通成为探索职业教育与普通教育协调发展的重要方式。

高中阶段的职普融通，主要是指通过一定的方式、政策和机制，将中等职业教育和普通高中教育整合起来，以促进学生的全面发展。根据职普融通的内涵，下面着重探讨几种职普融通模式。

一是综合高中融通模式。这是我国在高中阶段职普横向融通实践历程中不断尝试的一种模式，即将普通高中教育与中等职业教育有机结合。在课程设置上，综合高中的课程融合了普通高中的文化基础课程和中等职业学校的专业技能课程。在培养目标上，综合高中的学生既可以选择参加普通高考，进入高等院校继续深造，也可以在完成学业后凭借所学的专业技能直接就业。综合高中的招生对象主要是初中毕业生，学生注册为普通高中学籍，在中等职业学校内读书。

二是校际课程合作融通模式。普通高中和中等职业学校在不变换学生学籍的情况下，通过课程互选、学分互认的机制，搭建融通制度与平台，使普通高中学生能够跨校学习中等职业学校开设的职业技能启蒙与养成、职业生涯规划与指导等职业教育类课程，以及中等职业学校学生可以到普通高中选修文化课程与通识类基础课程。校际课程合作融通模式如图5-3所示。

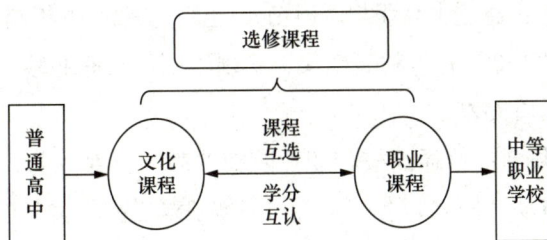

图5-3　校际课程合作融通模式

三是校内课程渗透融通模式。这种模式主要是指通过校内课程渗透的方式，实现普通教育和职业教育的有机结合与融通，主要可从以下两个方面落实。一方面，在普通高中渗透职业教育内容，增加如面向人生规划与发展的生涯教育、面向当前就业市场及通用性基础技能的职业技术类生涯教育等内容，让学生能获得一定的职业技能和形成良好的职业认知；另一方面，在中等职业学校强化文化基础教育，促进中等职业学校的学生的智力发展和增加其基础知识储备，进一步增强职业教育的社会适应性，以实现"就业与升学并重"的办学定位。

四是校际学籍转换融通模式。这种模式主要是指根据相关原则，普通高中和中等职业学校实现课程共建、师资共享，探索学分互认、学籍互转机制；在高中阶段建设转轨机制，架构起职普"双通"的立交桥，为每个学生提供不同"跑道"，为学生自由"转轨"建设畅通路径，给予学生"二次"选择机会，让学生选择适合自己的教育。

职普融通已是当前及未来一段时期内，我国高中阶段教育改革的重要方向。

拓展链接

推动职普融通，在中小学大力推进职业启蒙教育

随堂活动

查一查教育部2017年印发的《中小学综合实践活动课程指导纲要》。

（三）高等教育阶段的职普融通

高等教育阶段的职普融通是指在高等教育领域，促进职业教育与普通教育之间的沟通、衔接与融合，以培养适应经济社会发展多样化需求的高素质人才。

我国高等教育阶段的职普融通有多种形式，具体如下。

（1）课程共享与学分互认：职业院校和普通高校推出互认课程，如深圳市域产教联合体内7所高等院校共推出互认课程185门，包括前沿技术课程、职业技术类课程和通识类文化课程等；同时，制定统一的课程标准和学分换算办法，使学生在不同类型院校获得的学分都能得到认可。

（2）联合培养人才：通过中高职与本科衔接的"3+2+2"七年制、中本衔接的"3+4"七年制及高本衔接的"3+2"五年制等模式，实现不同层次职业教育的有效衔接，共同培养适应产业需求的高素质人才。

（3）师资交流与共享：普通高校和职业院校的教师互兼互聘，互派访问学者，互相挂职锻炼，实现双向流动。例如，泰山学院与淄博建筑工程学校共建省级教师专业发展研究基地，合作开展职业教育教师专业发展方面的研究。

（4）共享实训基地与资源：普通高校、职业院校和企业共建共享实习场地，利用物联网、云计算等技术，打造智能化、网络化的实验、实践环境，推进实验室开发与建设，建设集教学、实训、科研、竞赛等功能于一体的行业产教融合实习实训基地。

（5）共同开展科研项目：普通高校和职业院校围绕职业教育、教师教育等热点问题开展研究，实现成果共享。例如，泰山学院联合泰安市教育科学院及部分基础教育成员学校成立泰安市教师教育研究中心，与淄博市职业教育研究院联合成立泰山学院淄博职教科研基地。

（6）搭建合作平台：依托市域产教联合体和行业产教融合共同体建设，促进职业院校和普通高校在人才培养、资源共享、服务发展等方面的协同创新。

总体来看，在我国加快构建以国内大循环为主体、国内国际双循环相互促进的新发展格局大背景下，职普融通成为实现教育体系、产业体系和社会体系良性互动的核心环节。

二、职业学校教育与职业培训并举，让现代职业教育体系更完善

一提起职业教育，部分人往往会狭隘地认为其是指职业学校教育，把职业学校教育等同于职业教育，认为职业培训是职业学校教育的依附和补充，混淆了职业教育的概念，这在无形中降低了职业培训的地位。

2022年，新修订的《职业教育法》从法律层面规定职业教育包括职业学校教育和职业培训，明确"职业学校教育和职业培训并重"。职业学校教育和职业培训是职业教育的两种形式、两种类型，具有相同的地位，同等重要。职业培训是现代职业教育体系中不可或缺的重要组成部分。

（一）职业学校教育

职业学校教育是指为使受教育者获得某种职业技能或职业知识、形成良好的职业道德，从而满足从事一定社会生产劳动的需要而开展的一种教育活动，属于学历性教育。职业学校教育为社会培养了大量技术技能人才，对推动经济社会发展、促进就业创业具有重要意义。《职业教育法》指出："职业学校教育分为中等职业学校教育、高等职业学校教育。"

中等职业学校教育由高级中等教育层次的中等职业学校（含技工学校）实施。中等职业学校主要有4类：普通中等专业学校、成人中等专业学校、职业高中、技工学校。

高等职业学校教育由专科、本科及以上教育层次的高等职业学校和普通高等学校实施。根据高等职业学校设置制度规定，将符合条件的技师学院纳入高等职业学校序列。

在我国，职业学校教育施教对象主要是国民教育体系中的中、高职和职业本科等职业院校学生。

（二）职业培训

职业培训是指对拟就业或在职人员开展的系列教育与培训活动，归属非学历教育范畴，在我国由人社部门主管。它是为了使学员满足职业活动需要而提高其知识技能水平的一种教育方式。

《职业教育法》规定："职业培训包括就业前培训、在职培训、再就业培训及其他职业性培训，可以根据实际情况分级分类实施。职业培训可以由相应的职业培训机构、职业学校实施。其他学校或者教育机构以及企业、社会组织可以根据办学能力、社会需求，依法开展面向社会的、多种形式的职业培训。"

1．就业前培训

就业前培训是指对新成长起来、尚未进入职业领域的求职者（或称预备劳动力）进行的初始培训，目的在于帮助其掌握某种基本职业技能，具备进入劳动力市场的必要条件。我国就业前培训的形式主要包括学徒培训、就业训练中心培训和学校培训等。

2．在职培训

在职培训是指为提高在职人员的技术技能水平，由用人单位直接或委托其他培训机构对在职人员实施的培训。

3．再就业培训

再就业培训是指对有过工作经历的失业或转岗职工进行的涵盖职业指导、职业技能、职业道德和职业纪律的培训。再就业培训是帮助劳动者提高再就业能力，从而尽快实现再就业的重要措施。

4．其他职业性培训

其他职业性培训是指上述培训之外的职业性培训，是个人能力提升的重要途径。无论是短期培训还是长期培训，都为个人提供了更为包容的学习机会，也呼应了"终身学习"理念。

👥 随堂活动

李明大学毕业后在一家小型企业从事行政助理工作。尽管工作努力，但李明逐渐感到自己的职业发展受到了限制，因为他缺乏专业的职业技能和行业知识。为此，他决定参加职业培训，以提升自己的综合素质。

李明选择了一家知名职业培训机构，报名参加了为期3个月的办公室自动化和项目管理课程。在培训期间，他不仅学习了高级的办公软件操作技巧，还深入了解了有关项目管理的理论知识和实践方法。此外，他积极参与课堂讨论，主动向讲师请教问题，并在课后认真复习和完成作业。

培训结束后，李明将所学知识运用到实际工作中，显著提高了工作效率，他因此主动承担起了更多的项目管理任务。他的进步得到了上级的认可，不久他便转岗为项目经理。在新的岗位上，李明继续发挥自己的专业技能，带领团队完成了一个又一个项目，为企业的发展做出了显著贡献。

这个案例充分说明了职业培训对个人和企业的重要性。通过专业的职业培训，个人能够_____，同时，企业也能够_____，实现持续发展。因此，在职人员应该积极参与_____，不断提升自己的_____。

（三）职业学校教育和职业培训的区别

职业学校教育和职业培训同属职业教育，都以探索职业特点，培养合格的技能人才为目标；都实行双证书制度，让学生或学员在求学之余，获得一个或几个与自己所学专业相关的从业人员资格证。但它们之间也有区别，具体如下。

1. 对象不同

职业学校教育主要培养后备劳动力，职业培训的对象主要是现实的劳动力。我国职业学校虽然实施了校企合作、产教融合、工学结合的办学模式和人才培养模式，但仍存在理论课较多、实践课较少等局限，适合后备劳动力。而职业培训则是根据工作实际需要，在工作现场进行的专业技能培训，侧重实践，更适合现实劳动力。

2. 教学内容不同

职业学校教育的教学内容覆盖面较广，职业学校教育介于常规教育和职业培训之间，设置的专业具有"指导性"；而职业培训的教学内容针对性比较强，专业化程度高，学员的职业角色趋向更加明显。前者一般要设置一定比例的文化课教学，后者在一般情况下不专门设置文化课教学或只设置必要的文化课补习。这是职业学校教育与职业培训的最大区别。

3. 实施主体不同

职业学校教育通常由政府、企业或社会力量实施，其实施主体是具有独立法人资格的教育机构；而职业培训的实施主体多元化，包括职业培训机构、职业学校、企业、社会组织等，部分培训项目可能依托各类机构的资源开展，这些机构不一定具有独立法人资格。

4. 时长不同

职业学校教育属于全日制教学，有明确的学制规定，如中等职业学校教育的学制一般为3年，高等职业学校教育专科的学制通常为3年，本科的学制为4年。而职业培训时长较灵活，短则几天、几周，长则几个月，根据培训内容的复杂程度和学员的学习目标而定。

5. 证书与学历不同

接受职业学校教育的学生毕业时可获得国家承认的学历证书，如中职毕业证书、高职专科或本科毕业证书，同时还可能获得相关职业资格证书或技能等级证书。而接受职业培训的学员完成培训后，可获得培训结业证书或职业技能等级证书等——证明其在特定技能领域的培训经历和水平，但一般不被授予学历证书。

《职业教育法》第三十四条指出，职业培训机构的设立应当符合4个基本条件，从法律上对职业培训机构的设立、变更和终止进行了规范；第五十一条第三款规定，接受职业培训取得的职业技能等级证书、培训证书等学习成果，经职业学校认定，可以转化为学历教育学分，这为职业培训与职业学校教育融会贯通提供了法律依据和法律保障。

职业学校教育和职业培训是相互联系、相互促进、相得益彰的关系，我们在重视职业学校教育的同时，也应该意识到职业培训能发挥不可替代的重要作用，不能重此轻彼。我们要把职业学校教育和职业培训拧成一股绳，促进二者同步发展，形成良好的互补互通机制。

任务二　纵向贯通的现代职业教育

情境导入　　　　　　　　从中专生蜕变为北京大学研究生

河南学子谢欣宇凭借坚持不懈的精神，用近10年的时间实现了自己的梦想：从中专生蜕变为北京大学研究生。

2016年9月，谢欣宇初入信阳职业技术学院护理学院学习护理专业，对未来充满迷茫。辅导员安老师成了她的重要引路人，在安老师温暖的鼓励下，勤奋的种子在谢欣宇心底生根发芽，推动着她在求学路上越行越远。2019年，她从中专升入大专，继续在本校学习护理专业。2022年，谢欣宇成功通过专升本考试，在河南理工大学开启新征程。进入河南理工大学后，谢欣宇感受到更加浓厚的学习氛围，这让她不甘心止步于此。于是，她萌生了一个大胆的想法——上北京大学。尽管遭受了一些质疑，但谢欣宇仍不改信念。确定了自己的目标后，谢欣宇正式踏上考研之路。她结合自身实际情况，制订了详细的学习计划，针对每个学习模块绘制思维导图以梳理知识点，通过可视化方式加深对知识点的理解和记忆。在紧张而充实的备考过程中，谢欣宇还合理规划时间，踊跃参加了校内的多项比赛，以提升自己的综合素质。然而，逐梦之路并非一帆风顺，"一战"时，谢欣宇因单科成绩差5分而无缘复试。"二战"期间，谢欣宇吸取"一战"时失利的教训，针对自己的弱项进行了强化训练，同时放平心态，保持劳逸结合。功夫不负有心人，谢欣宇终于叩开了北京大学的校门。

从中专生到北京大学研究生，谢欣宇用3 285个日夜的执着坚持完成了这场蜕变。

【思考题】

1. 职业教育有哪几个办学层次？职业教育在学历方面有无"天花板"？
2. 上述案例对你有何启发？你认为自己该如何做好学习规划？

职业教育的纵向贯通，指的是在不同层次的教育之间建立通道，实现各层次教育的无缝对接和协调发展。它强调在现代职业教育体系内部对学生进行接续培养，以满足经济社会发展对高水平人才的需求。

2019年，国务院印发的《国家职业教育改革实施方案》指出，"职业教育与普通教育是两种不同教育类型，具有同等重要地位。"2021年，全国职业教育大会再次强调，"提高技术技能人才待遇，畅通职业发展通道，增强职业教育认可度和吸引力。"目前，我国明确建立了"中职—高职—本科—研究生"这一系统完整的现代职业教育序列。中职学生接受高等教育的道路更加畅通，越来越多中职学生看到了上升的空间和希望。

一、中等职业教育是现代职业教育体系的基础

（一）巩固中等职业教育的基础地位

2019年，国务院印发的《国家职业教育改革实施方案》指出："优化教育结构，把发展中等职业教育作为普及高中阶段教育和建设中国特色职业教育体系的重要基础。"2022年，中共中央办公厅、国务院办公厅印发的《关于深化现代职业教育体系建设改革的意见》明确提出："以中等职业学校为基础、高职专科为主体、职业本科为牵引，建设一批符合经济社会发展和技术技能人才培养需要的高水平职业学校和专业；探索发展综合高中，支持技工学校教育改革发展。"

不难看出，上述文件从制度层面确立了中等职业教育在现代职业教育体系中的基础地

位。要理解中等职业教育的基础地位，可从以下几个方面入手。

（1）中等职业教育是职业教育的起点。2021年，中共中央办公厅、国务院办公厅印发的《关于推动现代职业教育高质量发展的意见》指出："建设一批优秀中等职业学校和优质专业，注重为高等职业教育输送具有扎实技术技能基础和合格文化基础的生源。"在普职协调发展的背景下，中等职业教育为学生提供接受高等职业教育所需的职业意识基础、技能基础和专业知识基础，这确立了它在专科、本科、研究生职业教育人才培养中的基础定位。只有加强和巩固中等职业教育的基础地位，现代职业教育体系才能拥有稳固的根基。

（2）中等职业教育是培养高素质技术技能人才的基础。随着我国经济结构转型升级，企业对于员工的综合素质有了更高的要求。在中等职业教育中，不论是技能训练还是理论学习，都与生产劳动、社会实践相结合，这种教学模式将技能训练与理论学习相融合，能够提升学生的实践能力，符合技术技能人才的培养规律，更能够满足技术技能人才成长和产业企业革新的需求，为社会发展提供人才。

（3）中等职业教育是实现全民终身学习的基础。中等职业教育是高中阶段教育的重要组成部分，同时也是基础教育阶段开展职业启蒙教育的重要阵地。在技能型社会下，中等职业学校可以通过面向社会的职业培训，提升人们的技能，增加人们的就业机会和收入；中等职业教育肩负着培养多样化人才、传承技术技能、促进就业创业的重任，在技术推广、产业结构转型升级、保障民生等方面发挥着重要作用。

中等职业教育在我国现代职业教育体系中具有法定的基础地位，它是学生在接受义务教育后的重要选择，在人才培养方面起到了承前启后的作用。

（二）中等职业教育要实现"两条腿走路"

为推动中等职业教育多元化发展，2022年2月，教育部召开新闻发布会，提出中等职业教育从原来单纯的"以就业为导向"转变为"就业与升学并重"。这意味着完成中等职业教育后，一部分学生将就业，另一部分学生将升学。

一是就业。为进一步提高职业学校毕业生就业的公平性，为职业学校毕业生创造平等的竞争环境，《职业教育法》明确："用人单位不得设置妨碍职业学校毕业生平等就业、公平竞争的报考、录用、聘用条件。"中等职业教育与经济产业的联系较为紧密，中职学生可以凭借一技之长找到一份工作，通过不断钻研提升技术水平，成为技术骨干或技术能手。如今，在全国各地，越来越多彰显"技能改变命运、技能成就人生"的故事正在上演。

二是升学。中等职业教育已经突破了过去发展中的"天花板"，在保障学生技术技能培养质量的基础上加强文化基础教育，扩大贯通培养规模，不断拓展中职学生的成长空间。当前，我国对各层次职业教育衔接贯通的模式进行了不同形式的实践探索，中职学生可以通过三二分段、五年一贯制、中本贯通、中高本贯通、职教高考、对口单招、技能拔尖人才免试入学等多种渠道升学。

当下的职业教育注重"就业与升学并重"，既能满足学生的就业需求，又能满足学生的升学需求。这样，学生可以有多重选择，实现多方位发展。充分尊重学生的主观意愿，是中等职业学校的一大亮点，也是职业教育的一大特色。

我们要构建纵向贯通的现代职业教育体系，要让中职学生就业有能力、升学有优势、发展有通道，要增强职业教育适应性，因而必须筑牢和巩固中等职业教育的基础地位。

拓展链接

中职学生在升学和就业之间该如何选择？

二、高等职业教育是现代职业教育体系的主体

经过几十年的建设，我国形成了"中等职业教育—高等职业教育—职业本科教育"的层级结构。在中等、专科、本科3个层次的职业教育中，发展得最好的是高等职业教育。

（一）大众化体现了高等职业教育的主体地位

1998年，我国扩大高等教育招生规模。2002年，我国高等教育就已经实现了大众化，其中高等职业教育做出了重要贡献。2019年政府工作报告提出："改革完善高职院校考试招生办法，鼓励更多应届高中毕业生和退役军人、下岗职工、农民工等报考，今年大规模扩招100万人。"2020年政府工作报告提出："高职院校扩招200万人"。如今，高职院校的招生对象扩展到退役军人、下岗失业人员、农民工和在职企业员工等各种有技术技能培训需求的社会人员。高等职业教育从职前学校教育扩展为涵盖职前、职中、职后各阶段的学校教育，成为全民都可以接受的高等教育。

根据教育部发布的《2024年全国教育事业发展统计公报》，2024年，全国共有普通本科学校1 257所（含独立学院134所），高职（专科）学校1 562所。截至2025年3月，获教育部正式批准的本科层次职业学校达60所。2024年，普通本科招生467.94万人，职业本科招10.96万人，高职（专科）招生567.94万人（不含五年制高职转入专科招生60.22万人）。可以看出，高等职业教育占据高等教育的半壁江山。

（二）高等职业教育是技术技能人才培养的主阵地

从技术层面看，高等职业教育是培养高层次技术技能人才的教育。教育部等九部门印发的《职业教育提质培优行动计划（2020—2023年）》提出："把发展专科高职教育作为优化高等教育结构和培养大国工匠、能工巧匠的重要方式，输送区域发展急需的高素质技术技能人才。"

随着产业不断升级，产业发展所需的技术技能人才的教育等级也相应提高，原有中等职业教育培养的技术技能人才已难以满足产业进一步发展的需要。在这一背景下，高等职业教育逐渐成为为产业输送技术技能人才的主体。从招生规模看，高等职业教育学校不断扩大招生规模，为社会输送大量技术技能人才；从专业设置与产业需求对接看，高等职业教育专业紧密围绕产业发展设置，如机械装备制造技术、电子信息工程、交通运输等专业，为相关产业提供对口人才，在制造业、服务业等领域，高职毕业生是技术技能岗位的主力军；从实践教学优势看，高等职业教育注重实践教学，学生通过实习、实训等积累实践经验和提升操作技能，毕业后能快速适应工作岗位，在生产、建设、服务一线发挥重要作用。

高等职业教育作为现代职业教育体系的重要一环，为社会输送了数以千万计的"能工巧匠"和"大国工匠"，是我国实现数字化、智能化和现代化转型的重要支撑。

（三）"双高计划"引领高等职业教育高质量发展

2000年以来，国内高职院校数量的急速增加、高等教育适龄人口的下降、传统高等专科院校和民办高职院校的纷纷升格及地方本科院校的转型，都使高等职业教育面临生存与发展方面的压力。一些高职院校由于经费投入不足、办学条件差，教育质量难以得到保证、社会吸引力不强。

为满足社会经济发展需要，增强高职院校的吸引力，2019年，教育部和财政宣布实施"双高计划"，即中国特色高水平高职学校和专业建设计划，旨在集中力量建设一批引领改革、支撑发展、中国特色、世界水平的高职学校和专业群，带动职业教育持续深化改革，强化内涵建设，实现高质量发展。同年12月，教育部和财政部公布56所高职学校入选高水平学校建设，141所高职学校入选高水平专业群建设。

"双高计划"建设单位作为我国高职院校发展的高质量样本，其社会服务发展态势能够为其他有待发展的高职院校勾勒出一幅相对理想的服务"蓝图"。2025年，教育部、财政部决定实施第二期"双高计划"，将集中力量建设60所左右高水平高职学校和160个左右高水平专业群。第二期"双高计划"将成为推动职业教育高质量发展的关键力量。

随堂活动

1. 第二期"双高计划"在提升职业教育质量方面有哪些具体措施？

2. 第二期"双高计划"如何促进职业教育与产业的深度融合？

三、职业本科教育是现代职业教育体系的牵引

在我国教育的版图上，有这么一类教育，它坚持面向市场、服务发展、促进就业的办学方向，坚定职业教育的定位、属性和特色，培养经济社会发展需要的高层次技术技能人才，这就是职业本科教育。

（一）认识职业本科教育发展的必要性

1．外驱力

当前数字化、智能化技术在社会生产中得到广泛深入应用，这引发了技术应用复杂化、生产组织智能化、工作内容迭代化、工作关系协同化等颠覆性嬗变。在此背景下，职业本科教育提升办学层次、延长学制及实施相应的人才培养模式。可见，职业本科教育发展的外驱力体现为"产业升级—岗位工作任务升级—岗位人才能力需求升级"。

2．内生力

传统职业教育体系（中职—高职）以专科层次为主题，缺乏向上延伸的通道，导致技能人才培养"天花板"明显。职业教育要摆脱"次等教育"的标签，需在实践层面覆盖更为完善的办学层次。职业本科教育的出现，填补了职业教育在本科层次的空白，形成"中职—高职—职业本科"的完整纵向体系。职业本科教育能改善职业教育的外在形象，提升职业教育的吸引力。

职业本科教育作为高层次的职业教育，补齐了职业教育在本科层次的短板，对上可进一步衔接应用型本科高校，对下可深化与高职专科和中等职业学校的合作，成为"延伸教育链"的黏合剂，发挥着不可替代的重要作用。职业本科教育重在培养能适应高端产业发展需要的高层次技术技能人才，成为"打造人才链"的关键点，发挥着承上启下的重要作用。

发展职业本科教育，提升职业本科教育的办学层次，既有利于培养具有更高技术水平的技能人才，也能充分体现国家对职业教育的重视，对推动现代职业教育体系建设具有深远意义。

（二）稳步发展职业本科教育

1．相关政策依据

2019年，《国家职业教育改革实施方案》明确提出"开展本科层次职业教育试点"，首批职业本科学校诞生。同年6月，教育部正式发函，同意15所学校由"职业学院"更名为"职业大学"，升级为本科院校。从此，我国的高职院校建设提升到了本科层次。

2021年1月，教育部办公厅印发《本科层次职业教育专业设置管理办法（试行）》

（以下简称《办法》）。《办法》提出了要遵循职业教育规律和人才成长规律，按照更高标准设置专业。《办法》是推动本科层次职业教育发展的第一个专项文件，它将本科层次职业教育实质性往前推进了一大步，将有力保证本科层次职业教育试点行稳致远。

2021年3月，教育部印发《职业教育专业目录（2021年）》，在衔接中职、高职专科专业设置基础上，围绕高端产业对高端技术技能人才的需求，设置职业本科专业247个，为职业本科教育专业建设提供了依据。

2021年10月，中共中央办公厅、国务院办公厅印发的《关于推动现代职业教育高质量发展的意见》指出，"稳步发展职业本科教育，高标准建设职业本科学校和专业"，到2025年，"职业本科教育招生规模不低于高等职业教育招生规模的10%"。

2021年11月，国务院学位委员会办公室印发《关于做好本科层次职业学校学士学位授权与授予工作的意见》，明确了本科层次职业学校学位授予的相关要求。

2022年，新修订的《职业教育法》明确提出"高等职业学校教育由专科、本科及以上教育层次的高等职业学校和普通高等学校实施""设立实施本科及以上层次教育的高等职业学校，由国务院教育行政部门审批"。

2022年，中共中央办公厅、国务院办公厅印发的《关于深化现代职业教育体系建设改革的意见》，将建设一批高水平职业学校。

从当前各种法律和政策文件来看，稳步发展职业本科教育已成为优化教育结构的重要举措，在满足劳动力市场对高层次技术技能人才的需求方面发挥着重要的促进作用。

2．主要模式

根据《职业教育法》，本科层次职业教育可以由本科及以上层次的高等职业学校和普通高等学校实施；专科层次高等职业学校设置的培养高端技术技能人才的部分专业，符合产教深度融合、办学特色鲜明、培养质量较高等条件的，经国务院教育行政部门审批，也可以实施本科层次职业教育。

结合《教育部关于"十四五"时期高等学校设置工作的意见》等文件精神，学校设置以本科层次职业学校设置标准为基本要求，专业设置以本科层次职业教育专业设置管理办法为基本要求，稳步发展职业本科教育的主要路径已逐步清晰。职业本科教育主要有以下几种发展模式。

一是将以高职专科院校为基础设置职业本科学校作为主要路径，即以现有的优质高职专科院校为基础，设置职业本科学校，实现职业学校整体升格。一方面，高等职业教育经过20多年的发展，造就了一批优质高水平的高职专科院校，这些学校具有深入骨髓的职业教育基因，能够确保升格后保持职业教育属性不变、办学方向不偏、培养模式不改。另一方面，许多优质的专科高职院校也在不断地探寻和实践举办职业本科教育的途径，发展职业本科教育的意愿强烈。

二是将以高职专科院校举办本科专业的形式举办职业本科教育作为重要补充，即专科层次高等职业学校符合条件的特色骨干专业试点举办职业本科教育专业。《职业教育法》明确了高职专科院校举办职业本科教育专业的基本要求，具体表现在：第一，服务国家战略和产业发展需求，满足我国产业发展和转型升级对复合型、高层次技术技能人才的需求，比如产业链高端和专精特新领域的相关专业；第二，产教深度融合，主要表现为该专业具有较好的校企双主体育人模式，比如现代学徒制试点专业等；第三，专业办学特色鲜明，能够代表学校发展方向、符合区域产业发展需求的特色专业；第四，专业基础条件好，具有高水平的"双师型"教学团队，教学成果丰硕，学生就业率高、就业质量好，用人单位满意度高的专业。

此外，《职业教育法》还规定，其他学校、教育机构或企业、行业组织也可实施相应层次的职业学校教育或提供纳入人才培养方案的学分课程，这为未来进一步创新发展职业本科教育预留了一定的法律空间。

（三）充分发挥职业本科教育的牵引作用

牵引作用突出强调了职业本科教育在现代职业教育体系建设中的"动力源"作用。

职业教育是一种教育类型，必须有完整的学校体系。从发展规律来看，职业教育本身具有连续性和阶段性，每个阶段的教育都可以作为独立的部分存在，但同时也为下一阶段教育的开展奠定基础。职业本科的设立，为中职学生、高职专科学生进一步打通了发展通道。职业本科在体系建设、理念更新、内涵提升等方面具有引领作用，能带动中职、高职专科发展，优化"中—高—本"贯通培养方式，通过职教高考招收更多高质量中等职业学校的学生，优化专升本考试方法和培养方式，招收更多高职专科学生。

另外，职业本科教育承担着提升职业教育形象的历史使命。从外部的发展环境来看，国家层面积极倡导职业教育，但职业教育的社会形象仍有待提升。这首先需要职业本科教育强化内涵建设，提升关键办学能力，打造一批精品课程、优质教材、高水平团队，提供更多优质人才。

职业本科教育是职业教育发展的风向标，在深化现代职业教育体系建设中发挥着引领和示范作用。以职业本科教育带动职业教育高质量发展，能够促进教育现代化。

2021年11月，国务院学位委员会办公室发布《关于做好本科层次职业学校学士学位授权与授予工作的意见》（以下简称《意见》）。《意见》明确了普通本科和职业本科都按照《学位条例》《学位条例暂行实施办法》《学士学位授权和授予管理办法》进行学士学位授权、授予、管理和质量监督。《意见》坚持职业本科与普通本科两种类型、不同特色、同等质量，将职业本科纳入现有学士学位工作体系，在多方面强化职业教育育人特点，完善质量保障体系，促进职业本科高质量发展。职业本科和普通本科在证书效用方面价值等同，在就业、考研、考公等方面具有同样的效力。

职业本科教育不是终点，向上还衔接着研究生教育。作为"培养高层次应用型专门人才的主渠道"，专业学位研究生教育就与"培养高层次技术技能人才"的本科职业教育具有同质性特点。职业本科学校可以与兄弟学校、其他院校甚至有硕士培养资质的单位联合申报，联合培养，或借鉴现代职业教育体系长学制贯通培养经验，切实提高本科职业教育的吸引力。

根据《专业学位研究生教育发展方案（2020—2025年）》，到2025年，我国硕士专业学位研究生招生规模将扩大到硕士研究生招生总规模的2/3左右，具有较强实践能力的职业本科生将成为硕士专业学位研究生的重要来源。

总之，加强各学段普通教育与职业教育渗透融通，就是要打破职业教育止步于专科的"天花板"，积极推进中职与高职、本科贯通式培养；巩固中等职业学校的基础地位，改善中等职业学校的办学条件，优化中等职业学校的办学定位；强化高等职业教育的主体地位，实施职业教育提质培优行动计划，推进中国特色高水平高职学校和专业建设；发挥职业本科教育的牵引作用，探索实施更高层次的高等职业教育。

> 拓展链接
>
> 浙江一男子从职高生"逆袭"成麻省理工学院博士

实践活动　　智能制造人才"三级跳"挑战赛

（一）活动目标

1. 理解不同学历层次对应的职业能力的差异。

2. 体验技能认证与学历衔接的实践逻辑。

3. 培养跨层级团队协作意识。

（二）活动设计

第一阶段："职业能力金字塔"搭建。

（1）教师给学生分组，每组派出代表抽取产业工单（如智能产线故障排除/新能源汽车电池升级方案）。

（2）使用积木搭建岗位能力模型。

中职层：蓝色积木（代表职责为设备基础操作、标准流程执行）。

高职层：黄色积木（代表职责为技术优化、团队协调）。

本科层：红色积木（代表职责为系统设计、技术研发）。

（3）插入技能认证卡（如电工作业证、工业机器人系统运维员职业技能等级证书、智能制造工程师人员能力验证证书）。

第二阶段：产教协作接力赛。

（1）角色分配。

中职组：设备操作岗（处理基础数据、点检设备）。

高职组：技术应用岗（进行故障诊断、工艺优化）。

本科组：研发设计岗（制定升级方案、编写技术文档）。

（2）任务流程。

中职组：完成设备检测报告后，将设备检测报告上传至"学分银行"系统（扫码获得高职入场券）。

高职组：根据报告优化参数后，生成技术方案（换取本科组数据接口权限）。

本科组：接收数据后设计智能产线改造方案。

第三阶段：人才成长听证会。

（1）模拟场景。

某企业质疑职业本科毕业生能力，教育部门召开听证会。

（2）角色扮演。

答辩方：学生团队（需展示三级培养成果）。

质询方：企业代表/家长/教育专家（使用预设问题库）。

观察员：教师和企业导师（使用能力达成度评分表）。

（3）听证焦点。

如何证明职业本科毕业生比高职生更具系统设计能力？

学生中职阶段培养的实操技能在本科阶段是否被荒废？

如何保障跨层级培养中的企业参与度？

项目六

职业教育的办学理念

学习目标 ↓

1. 了解职业教育办学理念的丰富内涵
2. 了解职业教育办学理念对职业教育和职业院校学生的深刻影响。

任务一　职业教育是特色鲜明的类型教育

情境导入　　　　　　　　选择读高中还是选择读职业院校？

　　一个孩子动手能力很强，喜欢动手制作模型，也爱钻研，但是有个明显的缺点——不愿意学习文化知识。由于他没考上高中，父母就让他进入一所职业院校学习技术。而另一个孩子考上高中，后来读了大学。

　　这两个孩子的教育历程，分别代表职业教育与普通教育两种不同的教育类型。

【思考题】

　　1. 初中毕业时，你是如何在就读普通高中和就读职业学校之间做出选择的？你当时的感受是怎样的？

　　2. 你对职业教育有何理解？

一、职业教育是类型教育

　　长期以来，由于缺乏清晰合理的分类标准，职业教育常被认为是附属于普通教育的一种教育层次，这造成职业教育吸引力不足、相关改革措施难见成效，职业教育未能充分适应社会、经济发展要求，具体表现如下。

　　（1）职业教育的办学层次低于普通教育，这导致许多学生与家长不愿意选择职业教育、高水平的教师不愿意到职业院校任教、企业参与产教融合与校企合作的积极性不高。

　　（2）职业教育没有形成自己的办学体系，在专业设置、课程体系构建、教学实施、教师队伍建设、学校管理等方面参照普通教育的做法，甚至完全按照普通教育的考试制度选拔学生，造成选拔与培养的脱离。

（3）职业教育纵向贯通不畅，曾被视作止步于大专层次的"断头教育"，本科、硕士层次的职业教育缺乏，职业教育内部中职—高职—本科—硕士各层次结构未能有机衔接，学生可持续发展的空间受限。

（4）职教高考制度没有真正建立起来。职业教育一直通过普通高考的最后批次选拔人才，这导致职业教育被认为是末位的教育，其优势也没有真正凸显出来。

通过多年的实践与探索，职业教育是特色鲜明的类型教育已经成为共识。

职业教育培养的是技术技能人才，其专业、教材、课程必须对接市场需求、与实践相结合，人才培养途径是产教融合、校企合作，教师是"双师型"教师，学生需强化实习实训，教学方式包括模块化教学、项目式教学、情景式教学，学校里教师教学生、企业中师傅带徒弟，这些都是职业教育有别于普通教育的显著特点。

2019年1月，国务院印发的《国家职业教育改革实施方案》指出："职业教育与普通教育是两种不同教育类型，具有同等重要地位。"这正式确定了职业教育在我国教育体系中是一种单独类型的教育。

二、职业教育经历了从"层次"走向"类型"的过程

新时期，我们对职业教育的战略定位有了新的认知，即职业教育是与普通教育地位平等的类型教育，而非层次教育。此前，人们对职业教育一直存在"类型"与"层次"之争。

何为"类型"？何为"层次"？

"类型"是指"具有共同特征的事物所形成的种类"，"层次"则更多地表现为具有相属关系之事物的次序，是相属事物组成的系统内部结构的不同等级范畴。

"层次教育"把中等职业教育定位为中等教育中低层次、低水平、低效益的一类"托底"教育，将中等职业教育的培养对象定位为经过普通高中选拔的"低分生""后进生""分流生"；将高等职业教育定位为高等教育中低层次、低水平的一类教育，将高等职业教育的培养对象定位为本科院校选拔中的落榜生。在过去的很长一段时间内，尽管我国的职业教育已经发展到了较高的水平，但是没有结构优良的生源。在这种情况下，职业教育要培养高水平的技术技能人才，仍然是非常困难的。只有勇敢打破职业教育人才培养层次的天花板，真正使职业教育成为一种类型教育，才能吸引更多的优秀学子接受职业教育，这才是破冰之举。

造成中国职业教育地位和质量不高的一个重要原因，就是把职业教育定位为层次教育。按照这种定位发展职业教育，无论如何也难以提高职业教育的地位。

事实上，作为类型教育的职业教育和普通教育没有高低之分。从学历层次看，职业教育既包括中职教育、高职教育，又包括本科层次的职业教育。

从2019年起，我国新建了一批开展本科层次职业教育的学校——职业技术大学，推进了职业教育作为类型教育的具体实践。

把职业教育定位为类型教育，不仅赋予了职业教育与普通教育平等的地位，也打通了接受职业教育的学生的上升路径。类型当中有层次，作为类型教育的职业教育，不但有中职层次、高职层次，还有本科层次，这样的层次结构能使职业教育的发展前景更好。

三、什么人适合接受职业教育

职业教育是与普通教育同等重要的教育类型。学生要根据自己的智能结构选择适合自己的教育类型。美国心理学家加德纳的多元智能理论认为，我们每个人都拥有8种主要智能：语言智能、音乐智能、逻辑数学智能、空间智能、身体动觉智能、内省智能、人际智能、自然智能。这8种智能在每个人的智能结构中的凸显程度是不同的，有的人的言语—语言智能、逻辑—数理智能比较突出，其较大可能成为科研人员和学术专家；有的人的视觉—空间智能、身体—动觉智能比较突出，其更有可能成为技术型、技能型的人才。

普通教育主要是指以升学为主要目标，以基础科学知识为主要教学内容的学校教育。普通教育系列指由九年义务教育延续并由国家统一招生录取的中、高等教育系列，主要进行"全日制"学习的学历教育。普通教育适合言语—语言智能、逻辑—数理智能比较突出的学生。

职业教育是指以就业为主要目标，让受教育者获得某种职业或生产劳动所需要的职业知识、技能和职业道德的教育。职业教育包括职业学校教育和职业培训。职业学校教育是学历性的教育，分为中等和高等职业学校教育。职业教育适合视觉—空间智能、身体—动觉智能比较突出的学生。

职业教育的目的是培养应用型人才和具有一定文化水平和专业知识技能的劳动者。与普通教育和成人教育相比，职业教育侧重于实践技能和实际工作能力的培养。

职业教育给视觉—空间智能、身体—动觉智能突出的初中毕业生提供了符合其智能结构的发展通道，尊重他们的成长和个性化发展规律。应该承认，这部分学生适合走接受职业教育的道路，这样更能凸显他们的特长，树立他们的成才信心，促使他们因有一技之长而顺利就业。这部分学生如果进入普通高中，在面临快节奏、大容量、高难度的关于言语—语言智能、逻辑—数理智能方面的学习任务和考核检验时，会无所适从、难以适应。这不仅会加剧学生的流失，也会让学生错失选择职业教育、学习技能的机会，这是有违教育发展规律的。

现在，国家大力建设纵向贯通的现代职业教育体系，初中毕业生可以通过"3+2"模式、五年一贯制，中职毕业生可以通过"3+2"模式就读高职学校，也可以通过"3+4"

模式对口就读职业本科和应用型本科高校，高职毕业生可以通过高职院校与职业本科、应用型本科高校"3+2"衔接培养模式，实现学历上的提升，其发展通道也是非常通畅的。

合适的教育，才是最好的教育。让人人都能选择适合自己的教育，这是对教育选择权的最大落实与尊重。

四、职业院校学生要尽快适应职业教育

如何从接受普通教育过渡到接受职业教育？如何认知职业教育的教学模式和管理模式？如何合理规划自己的学习生涯？

对于这些问题，没有进入职业院校的学生恐怕很难回答；即使是已经进入职业院校的学生，也可能无法给出明确的答案。如果不弄清这些问题，会严重影响学生的人生选择和学业发展，也将严重影响职业教育的高质量发展。

职业院校应开展职业教育启蒙，引导学生根据职业教育办学规律和个体成长规律科学地规划自己的学习生涯。具体而言，应引导学生深入思考"职业教育是什么""为何选择职业教育""选择职业教育能收获什么"，使他们消除对职业教育的偏见和对普通教育的偏执，真心热爱职业教育；向他们宣传职业教育的办学理念，使他们清楚地知道职业教育是特色鲜明的类型教育、培养能力的实践教育、面向市场的就业教育、面向社会的跨界教育、面向人的终身教育，遵循职业教育理念，合理规划自己的学习生涯，自觉成长为高素质技术技能人才；引导他们正确认识专业、学业、就业、职业的关系，学好专业、钻研学业、理性就业、热爱职业，顺利完成从学生到职场人士的转变，从而逐步实现自己的职业理想。

拓展链接

中职，已不再是职业教育的终点，而是职业教育的起点

随堂活动

1. 结合自身选择职业院校的经历，谈谈对"职业教育是与普通教育具有同等重要地位的教育类型"的认识。

2. 举例说明职业教育不同于普通教育的特征有哪些。

任务二　职业教育是培养能力的实践教育

情境导入　　　　　　庖丁解牛

庖丁解牛的故事中讲到，庖丁手掌朝这边一伸，肩膀往那边一顶，伸脚往下边一

伸，屈膝往那边一撑，动作轻快灵活。庖丁将屠刀刺入牛的体内，皮肉与筋骨剥离的声音与他运刀时的动作互相配合，显得如此和谐一致、美妙动人。站在一旁的文惠君不觉看呆了，禁不住高声赞叹道："啊，真了不起！你宰牛的技术怎么会这么高超呢？"

庖丁赶紧放下屠刀，对梁惠王说："我做事比较喜欢探究事物的规律，因为这比一般的技术技巧要更高一筹。我在刚开始学宰牛时，因为不了解牛的身体构造，眼前所见无非就是一头头庞大的牛。等到我有了3年的宰牛经历以后，我对牛的构造就完全了解了。现在我宰多了牛以后，就只需用心灵去感触牛，而不必用眼睛去看它。""我的这把刀已经用了19年了，我用它宰杀过的牛不下千头，可是刀口还像刚在磨刀石上磨过一样锋利。"

【思考题】

结合庖丁解牛的故事，你认为如何才能提高技能？

随着生产力的发展、社会分工的细化，技能传承方式发生了很大的变化，职业学校成为培养技术技能人才的主阵地，但不变的是，接受技能培养者必须在实践中学习、磨炼，这是客观规律。

一、职业教育起源于生产实践活动

原始人民过着刀耕火种、茹毛饮血的生活，生产力十分低下。为了生存和延续，老一辈人会将在生产实践活动中积累的知识、技能和经验传递给下一代。由此可见，人类最早的教育活动是起源于生产实践活动，并且依托学徒制存续的。

春秋末期战国初期的鲁班，发明了许多工具，被后人尊称为"行业神"和"百工圣祖"。与鲁班处于同一时代的墨子，精通手工技艺，也发明了许多实用工具，在几何学、力学、光学和机械学等领域有诸多发明创造，被后人誉为"科圣"。鲁班和墨子均来自社会底层，均出生于工匠家庭，他们几十年如一日地苦学技艺，精益求精，不断突破，成为那个时代的能工巧匠和技术发明大师，形成了热爱职业、强于实践、精于技艺、勇于创造的精神。

过去，很多职业院校以理论教学为主，实践教学严重滞后，这导致学生毕业后还要进行"二次学习"。针对这种情况，《国家职业教育改革实施方案》提出，职业院校实践性教学课时原则上占总课时一半以上，顶岗实习时间一般为6个月。实践证明，越接近真实的工作环境，越接近生产一线，越接近实际操作过程，职业教育培养的人才质量就越高。这就要求职业教育把产教融合、工学结合作为办学基本模式，改革教学教法，建好用好各类实训基地，让学生在实际劳动中增长才智、提升技能。

二、实践教育是职业教育的生命线

实习实训是实现职业教育培养目标、锻炼学生实践技能的必要途径，真实的工作环境、生产一线和操作过程是职业教育人才培养质量的关键影响因素。

高质量的职业教育要突出实践教育理念。实践教育是职业教育的生命线。如果学生不了解生产一线，教师不熟悉行业最新技术，职业教育将不可能培养出满足企业需求的学生。因此职业教育必须把实践教育放在突出地位，培养学生的综合能力，进而培养出更多高素质技术技能人才、能工巧匠、大国工匠。

程浩然是山西某职业技术学院数控设备应用与维护专业的一名学生。2021年，他通过学校的云就业平台选择了一家和自己所学专业相近的、生产空调压缩机零部件的企业进行实习。在实习过程中，程浩然从一线的基础工作做起，后来成为企业中的精益专员。

程浩然介绍，在校学习过程中，老师经常强调要在学中练、在练中学，因此每个学期学完基础课程之后，学生都要进入实验车间亲自操作。"我做的第一个成品就是电路板。在操作过程中，我不仅要排布好电路的位置，还要设计安装，尽量让电路板的外形更好看。"

"我本身就喜欢动手操作，在企业实习的过程中也得到了领导的认可。"程浩然说尽管自己是实习生，但是企业的待遇很不错，晋升渠道也很透明，他希望能够留在该企业继续工作。

构建现代职业教育体系，必须围绕培养实践能力这个关键点，坚持产教融合、工学结合这一基本办学模式，优化实践教育体系，完善实习实训考核办法，把专业建在产业链上，把课堂设在生产服务一线，保证实践课时占总教学课时的一半以上，确保学生足额、真实参加实习实训，让学生在实践中增长才智、提升技能。

三、职业院校要在实践教育中培养德技双馨的高素质人才

职业教育是培养能力的实践教育，必须紧跟市场需求。江西赣州南康区素有"木匠之乡"的美誉，拥有大量家具企业，近年来却面临家具产品升级、家具制作人才紧缺的状况。江西某职业学院从中看到了机遇，与南康区人民政府签署协议，共建南康家具学院，打造产教融合平台。该学院的学生还没毕业，往往就被家具企业"预定"。这样的例子还有很多，越来越多的职业院校让专业扎根产业、让课程围绕市场、把课堂搬进车间，确保学生学以致用，实现了学校到企业的无缝对接。实践证明，深化产教融合、校企合作，深入推进育人方式、办学模式、管理体制、保障机制改革，职业教育才能迸发出更强劲的生命力，培养出更多高素质技术技能人才、能工巧匠、大国工匠。

职业教育的重点在于培养职业技能，但职业教育不能只停留在职业技能培训层面，

而必须把提高职业技能和培养职业精神结合起来，不仅要让学生有一技之长，更要培养学生的专业精神和敬业品格。从焊造我国首个空间站"天和"核心舱密封舱体的高级技师郑兴，到凭借惊人毅力战胜伤病重返岗位的车工技能专家王尚典，再到世界技能大赛冠军曾正超，从这些人身上，我们看到的不仅是高超的技术，还有执着专注、精益求精、一丝不苟、追求卓越的工匠精神。在职业教育中大力弘扬劳模精神、劳动精神、工匠精神，职业院校定能培育出更多德技双馨的高素质人才，为实现高质量发展提供坚实的人才保障。

拓展链接

成为全国技术能手，他只花了4年

> **随堂活动**
>
> 1. 你认为你哪些方面的实践能力比较强？
> 2. 进入职业院校后，你接触到的技能方面的锻炼有哪些？你认为学校在提高学生实践能力方面还需要采取哪些措施？

任务三　职业教育是面向市场的就业教育

> **情境导入**　从职业教育中受益的小张
>
> 　　小张是南京某职业技术学院动车组检修技术专业的学生。在校期间，他不仅学习了理论知识，还参与了很多实践项目。毕业后，他顺利进入当地的高铁维修基地工作。现在的他每天和那些银色的"巨龙"打交道，虽然工作辛苦，但收入可观。
>
> 【思考题】
> 1. 你觉得小张接受职业教育值得吗？为什么？
> 2. 你认为职业院校学生就业率高的原因是什么？

职业教育是面向社会需求，以就业为导向的教育。"服务发展、促进就业"是职业教育的办学方向。

一、职业教育紧跟市场需求开设专业

职业教育办学必须以市场需求为导向，市场需求发生变化了，职业教育的专业设置和教学方式就应及时调整。社会需要什么人才，职业院校就培养什么人才。

职业教育要紧贴市场趋势和就业形势，动态调整专业目录，通过差异化投入、政策项目引导等方式，开设紧缺的、符合市场需求的专业，帮助学生实现更高质量的就业。

2025年政府工作报告提出"推进职普融通、产教融合，增强职业教育适应性"。职业教育除了保证专业适配，更要在提升人才适应性上下功夫，主动面向市场、面向产业、开门办学。

作为与经济社会发展紧密相连的教育类型，职业教育迎来了承担历史使命、实现高质量发展的重要战略窗口期。为适应经济转型升级和劳动者就业创业需要，职业院校迫切需要用新发展理念全面统领职业教育改革与发展，在扩规模、强质量、上台阶、提档次等方面实现跨越升级，努力培养数以亿计的知识型、技能型、创新型劳动者，深化人力资源供给侧结构性改革，促进更高质量、更充分就业。

教育部印发的《职业教育专业目录（2021年）》对接现代产业体系，采用三级分类，设置了19个专业大类、97个专业类、1 349个专业，其中中职专业358个、高职专科专业744个、高职本科专业247个，全面覆盖了国际通行的41个工业门类以及我国发布的新职业。2024年12月，教育部对《职业教育专业目录（2021年）》进行了增补，共增设40个新专业，其中，中职专业3个、高职专科专业20个、职业本科专业17个。比如，围绕支撑国家战略需求，增设了航空复合材料智造工程技术等战略性新兴产业和先进制造业相关专业；聚焦人民美好生活需要，增设了营养配餐服务、眼镜造型设计与工艺等专业；服务实体经济发展，增设了现代工业清洗技术等生产性服务业相关专业；助力乡村振兴，增设了乡村治理技术、高标准农田建设与应用技术等专业。此外，还增设生态环境数智化监测技术等服务健全生态环境治理体系所需专业，以及足球运动与管理等服务体育强国建设的专业。

《职业教育专业目录（2021年）》深度对接新经济、新业态、新技术、新职业，促进职业教育专业升级和数字化改造。例如，服务战略性新兴产业，设置了集成电路技术、新能源材料应用技术、智能光电制造技术专业；对接现代服务业重点领域，设置了婴幼儿托育服务和管理、智慧健康养老服务与管理、现代家政管理、冰雪运动与管理等专业；针对区块链工程技术人员新职业，设置了区块链技术应用专业；服务乡村振兴战略，设置了农村新型的经济组织管理、现代种业技术等专业；服务绿色低碳发展，设置了智能环保装备技术、资源综合利用技术、生态环境修复技术等专业。

近年来，合肥市提出建设集成电路、新型显示、创意文化、网络与信息安全、生物医药、节能环保、智能家电、新能源汽车暨智能网联汽车、光伏及新能源、高端装备及新材料、人工智能、量子产业12条重点产业链。合肥现代职业教育集团组织区域内职业院校全面服务这12条产业链。合肥某职业技术学院开设对接这12条产业链的专业，力求服务地方经济发展。

二、职业教育为特定职业或岗位培养人才

职业教育发展得好不好、成功不成功，一个重要的评价标准是其适应性强不强、其与

市场需求的对接到不到位。职业教育必须以就业为导向改革创新，坚定"服务发展、促进就业"的办学方向，让学生从"能就业"转向"就好业"。

根据《中国小龙虾产业发展报告（2024）》，2023年，我国小龙虾产量达316.10万吨，小龙虾加工量达140.23万吨，占小龙虾养殖产量的44.36%。从地域分布看，小龙虾加工企业主要集中在湖北、湖南、安徽、江苏、江西5个传统小龙虾生产省。其中湖北省小龙虾加工企业数量最多、规模最大，年小龙虾加工量达97.74万吨，占全国小龙虾加工量的近69.70%。"潜江龙虾"品牌声誉值在全国416个水产地理标志农产品中位居榜首。

湖北省有关小龙虾的各类产业非常火爆，但是专业的运营人才比较欠缺。针对小龙虾产业链的各类人才需求，职业院校紧跟市场需求培养人才，以实现学生毕业后直接上岗、无缝对接。

2017年7月，湖北某职业学院成立潜江龙虾学院，下设餐饮管理、烹调工艺与营养、市场营销3个普通大专学历专业，学制两年。该校也成为国内首所，也是当时唯一一所开设龙虾相关专业的学校。到了2019年的毕业季，潜江龙虾学院的大部分毕业生顺利就业，其中有从事餐饮管理的，更多的则是走上龙虾烹饪岗位。这批学生就业后的底薪为6 000~12 000元/月。

高职院校办小龙虾学院，培养相关专业人才，就是以就业为导向办学，为特定职业或岗位培养人才。我国职业教育要获得更好的发展，提高人才培养质量，得到社会的认可，就必须坚持这种办学导向。

👥 随堂活动

1. 你对你所读专业的市场人才需求状况了解如何？

2. 你是否明确了未来的就业方向？为了顺利就业，你应该做哪些方面的准备？

任务四　职业教育是面向社会的跨界教育

⤫ 情境导入　　三线城市因"产业跨界融合"焕发生机

北方某三线城市曾因煤矿产业繁荣，随着煤矿资源枯竭，当地大批煤矿企业关停，上万名矿工失业。与此同时，城市周边农业合作社陷入困境——其生产的有机农产品品质优良，但其缺乏冷链运输知识，导致产品损耗率高达30%，且其不懂电商销售，大量产品滞销。

面对这一矛盾，当地政府联合职业院校、物流企业和电商平台，启动"产业跨界融合"职业教育项目。48岁的张建国报名参加了冷链物流课程，他将曾经在煤矿企业积累的设备操作经验灵活运用到冷链设备维护中；在课程学习中掌握的物联网监控知识，让他能精准调控冷库温度。结业后，他不仅入职当地冷链物流企业，还帮助农业合作社搭建起标准化的冷藏体系。与此同时，农户通过学习电商运营知识，在直播中用朴实的语言讲述农产品种植过程，收到了大量订单。

【思考题】

职业教育能突破行业、地域等限制，实现跨界发展吗？

中国近代职业教育的奠基者黄炎培认为：只从职业学校做工夫，不能发达职业教育；只从教育界做工夫，不能发达职业教育；只从农、工、商职业界做工夫，不能发达职业教育。这表明，职业教育是面向社会的跨界教育。

一、职业教育要跨界办学

职业教育与经济社会发展联系紧密，跨越了职业与教育、企业与学校、工作与学习的界域。"产教融合、校企合作、工学结合、知行合一"是中国职业教育的特色办学经验，是中国职业教育高质量发展的必由之路，也是近年来国家政策的鲜明导向。

拓展链接

职业教育要跨界办学

"产教融合、校企合作、工学结合、知行合一"，这4个方面都要求职业教育要跨界办学。

1. 产教融合

2017年，国务院办公厅印发的《关于深化产教融合的若干意见》指出：坚持职业教育校企合作、工学结合的办学制度，推进职业学校和企业联盟、与行业联合、同园区联结；大力发展校企双制、工学一体的技工教育；深化全日制职业学校办学体制改革，在技术性、实践性较强的专业，全面推行现代学徒制和企业新型学徒制，推动学校招生与企业招工相衔接，校企育人"双重主体"，学生学徒"双重身份"，学校、企业和学生三方权利义务关系明晰。

2. 校企合作

校企合作的主要目的在于落实企业的主体责任，推进学校和企业"双主体"协同育人。

学校与企业是两个不同的主体，双方合作可以实现资源共享、互惠双赢。双方以人才为纽带形成利益共同体，企业需要的人才由学校培养，学校培养的人才由企业录用，双方可因此实现互惠双赢。

2018年2月，教育部等六部门印发《职业学校校企合作促进办法》，提出：职业学校和企业可以结合实际在人才培养、技术创新、就业创业、社会服务、文化传承等方面开展合作。

3. 工学结合

校企合作是办学层面的跨界，而工学结合是教学层面的跨界。工学结合是以工作与学习交替进行、半工半读为基本特点的一种将学习与工作相结合的教育模式，是整个人才培养过程中最核心、最关键的"施工"环节，决定人才培养的质量。

职业教育通过工学结合，要努力实现：工作是学习中的工作，学习是工作中的学习；个体在学习中工作，在工作中学习；工作和学习相互促进、彼此成就。

随着工业化的推进和经济发展方式的转变，国家更加注重劳动力综合素质水平和现代岗位技能水平的提高。在此背景下，工学结合是职业教育进行人才培养的必由之路。

4. 知行合一

我国教育领域自古就有知行合一的优良传统。例如，孔子提出"学—思—习—行"，荀子提出"闻—见—知—行"。颜元也说："读得书来口会说，笔会作，都不济事；须是身上行出，才算学问。""口中说，纸上作，不从身上习过，皆无用也。"这些论述都包含了知行合一学说的精髓和内涵。知行合一学说是中华优秀传统文化的组成部分，是中华优秀传统文化在教育领域的一种延伸和运用。

二、跨界的职业教育需要鼓励校企合作

跨界的职业教育需要学校和企业合作办学、合作育人、合作发展。深圳某职业技术大学作为国内具有领先水平的职业学校，在校企合作办学方面探索出的"九共同"育人模式值得全国其他职业学校学习借鉴。"九共同"育人模式的主要内容如下。

一是共同开展党建和思政教育，通过企业的创新奇迹坚定"四个自信"，增强立德树人的实效性。

二是共同开发专业与课程标准，将企业的最新技术、标准和工艺等第一时间转换为教学内容，提升人才培养的适应性。

三是共同打造高水平教学团队，通过校企互聘、教研互促等途径，不断增强教师跟踪、应用和驾驭新技术的能力。

四是共同攻克关键技术和工艺难点，围绕企业关键技术难点，校企共同组建团队攻关，以源头创新撬动教学内容更新。

五是共同制定行业标准，校企双方共同将企业的新技术、新工艺开发成为行业标准，形成行业制高点，打造"中国标准"，提升服务产业的能力。

六是共同开发职业资格证书，增强产教供需对接的精准性，促进学生的学历与能力双提升。

七是共同开展创新创业教育，保证题目从企业中来，师生创新创业有真题，结果到企业中去，创新的成果有真用，提升学生可持续发展的能力。

八是共同开展现代学徒制，根据企业的个性化需求进行人才精准培养，加强技艺传承。

九是共同开展国际产能合作，为民族企业"走出去"培养实用人才。

三、现代学徒制是"双向跨界"的职业教育实践机制

职业教育的实践具有天然的"跨界"特征。现代学徒制是推进"双向跨界"的人才培养创新模式，目前在我国主要表现为两种形式：一是教育部推进的以院校为牵头试点的"现代学徒制"，二是人力资源和社会保障部推进的以企业为牵头试点的"企业新型学徒制"。应该说，二者推进试点的立足点不一样，前者针对的是未入职的城乡新增劳动者，后者是为已经在企业就业或者转岗的职工所提供的职业能力提升服务，但二者试点的目的是一样的，那就是要推进"教育界"与"产业界"的"双向跨界"。就职业院校来说，与企业开展"招工即招生"的现代学徒制试点，可以使校企合作走向深入，但基于中国企业数量多且以小微企业为主、类型多样、水平参差不齐的特点，参与现代学徒制试点的企业一般是区域产业集群中的龙头企业，而更多的需要寻求与职业院校合作的"中小企业"却难以参与。为了提高企业的参与度，职业院校一方面要尽可能注重合作企业的典型性，实现校企"招工即招生"的合作模式；另一方面，如果企业先期介入积极性不高，职业院校可以在已招学生的基础上与企业联合进行"二次遴选"，以实现与企业"招生即招工"的合作模式。目前试点的企业多选择后一种模式。

拓展链接

职业教育如何培养跨界人才

随堂活动

1. 你对所学专业的相关合作企业了解如何？
2. 作为职业院校的学生，你应该如何更好地做到工学结合、知行合一？

任务五　职业教育是面向人人的终身教育

情境导入

咖啡店老板的转型之路

45岁的李然经营社区咖啡店已有10年，随着周边商圈的竞争加剧，他发现店铺的客流量持续下滑，传统经营模式难以维系。偶然间，他得知隔壁烘焙坊的老板通过短视频和直播带货，其店铺的日营业额是自己店铺的3倍，这让他萌生了转型的念头。然而，李然对短视频拍摄与剪辑、直播、线上营销等一窍不通，甚至连基础的数据分析都不会。

　　就在他一筹莫展时，当地职业教育中心推出"传统商户数字化转型"免费培训课程，课程包含短视频运营、直播、私域搭建等内容。李然报名参加课程后，白天打理店铺，晚上跟着专业讲师学习理论知识。在实操课上，他以自家咖啡店为场景，拍摄展现产品制作过程的短视频；学习用数据分析工具定位顾客需求。经过3个月的系统学习，他不仅掌握了线上运营技能，还将所学知识应用到店铺管理中，通过社群营销推出会员专属优惠，利用直播带货销售咖啡豆礼盒。半年后，其咖啡店的线上订单占比达40%，月营业额增长了60%。

　　李然的经历表明，职业教育的对象并非局限于青少年群体；像他这样的职场人士，无论处于哪个人生阶段，都能通过职业教育获得新技能，实现自我提升与职业发展。这充分体现出职业教育是面向人人的终身教育。

【思考题】

1. 如何理解职业教育与终身教育的关系？
2. 作为职业院校的学生，你如何才能做到"活到老，学到老"？

　　2021年，党中央、国务院召开全国职业教育大会，提出加快构建面向全体人民、贯穿全生命周期、服务全产业链的职业教育体系，加快建设国家重视技能、社会崇尚技能、人人学习技能、人人拥有技能的技能型社会。

一、建设技能型社会需要把职业教育办成终身教育

　　在当今时代，一个人接受一次性的学校教育，已远远满足不了社会对拥有职业技能的人才的需求。无论是为了适应社会发展需要还是促进自身发展，我们都需要接受职业教育。

　　职业教育是提升人力资本、增强职业能力的重要渠道，是促进个人全面发展、社会全面进步的重要途径，必须始终面向社会各个方面、各个群体、每个人，不仅要让每个人都享有接受职业教育的机会，还要让每个人都有使人生出彩的机会。

　　在我国高职扩招的背景下，退役军人、下岗失业人员、农民工、高素质农民和企业在职员工，已成为高职院校的重要生源。2020年，全国高职院校的社会生源数量达122.6万人，占比达到了23.38%，这充分体现了职业教育作为终身教育的特点。建设技能型社会，要坚持学历教育与非学历教育并举并重，坚持职业教育与普通教育、继续教育协调发展，特别是要发挥好国家开放大学作为终身教育主要平台、灵活教育重要平台的优势，共同满足社会成员个性化、多样化、终身化的学习需求，服务全民终身学习，建设技能型社会，畅通面向人人的职业教育和培训渠道，使人们获得发展自身和造福社会的能力，过上幸福生活。

　　随着社会进步和现代科技发展，新职业、新工种、新岗位不断涌现。即使是同一职业（岗位），因新材料、新方法、新工艺等因素的出现，也在不断改变对职业技能的要求。

这些变化要求职业院校不断更新对职业教育的认识，用终身教育的思想指导改革和发展职业教育。

二、职业教育要面向人人

学习具有终身性，终身学习也是时代发展的必然要求。终身职业培训体系建设是国家人力资源开发战略的重要内容，职业教育有助于满足我国现代化建设过程中劳动者个体的终身学习和培训需求。随着科技进步，人们的社会生产生活越来越趋向自动化、智能化，人们对工作环境和生活品质的要求都在日益提高。2011年，联合国教科文组织发布的《国际教育标准分类》（ISCED）对"学习"和"教育"等概念进行了重新诠释。如今，学习作为一种个人行为，越来越多的人倾向于通过现代化教育技术手段进行自主学习。教育作为一种社会行为，能为人们提供更加便利的条件和更舒适的环境，以满足人们自主学习的需求。传统的教育形式、教育环境、教育手段和教育工具，都将面临巨大改变。职业教育作为类型教育，具有终身性。它将在个体人生的每一个阶段为个体提供相应的教育服务，支撑个体和社会发展。从职业启蒙到专业教育，再到继续教育和成人教育，职业教育将伴随人们一生。

职业教育要面向人人。职业教育的对象涵盖所有群体，人们不分年龄、职业、收入水平、能力高低，都可以接受职业教育。职业教育能促进个体发挥潜能、个性、创造性，使个体具有自信心和持续发展的能力，提高个体的职业幸福感，推动社会公平。从个体适应社会发展需要和实现自身终身发展的角度来看，接受职业教育的人不应局限于职业学校的学生。对于中小学生，应加强职业意识培养和劳动教育等；对于普通高校学生，应广泛开展创新创业教育、职业生涯指导等活动，提升其就业能力；对于在岗人员，应大规模开展岗位培训、继续教育等，使其不断适应岗位需求；对于失业人员，应开展各类转岗、再就业培训，使他们重新回归劳动力市场。

职业教育要将受教育者的范围扩大到全年龄段的人群，涵盖职业启蒙教育、全日制职前培养、在职培训、专门化的社会培训项目以及老年职业教育等，贯通个体的全生命周期。首先，要丰富职业启蒙实践形式，加快开发各类职业启蒙公共资源，以场馆学习、社区教育、场景体验等多种方式开展职业启蒙。其次，要打通职业教育上升路径，逐渐建立起与学科知识体系平行的技术知识体系，形成具有类型特色的人才培养模式。最后，要重视职后职业技能培训，加强新业态下数字技术应用，推动实施职业技能提升行动"互联网+职业技能培训计划"，广泛吸纳非正规就业群体接受正规职业教育与培训。

三、职业院校要完善办学功能

《职业教育法》指出，职业教育既包括职业学校教育，也包括职业培训。目前，很多职业院校只开展了"一半的职业教育"——职业学校教育，也就是全日制学历教育，而没有"另一半的职业教育"——职业培训。

随着社会持续变革和转型，职业需求和就业形势也在不断变化，职业培训的功能越来越明显。职业培训可以帮助个人由学校走向社会后及时适应变化，提前做好准备，避免被淘汰和失业。通过学习新技能和知识，个人可以更好地契合新兴产业和职业发展方向，增加就业机会和拓展职业发展空间。职业培训可以提供平等的学习机会，减少不同群体之间的职业差距。职业培训可以提供丰富的学习方式和培训资源，人们可以根据自己的需求和时间安排进行学习，提升职业能力。这有助于促进社会公平，使更多人拥有就业机会和实现职业发展。

因此，职业院校要进一步完善办学功能，加强职业培训。相对于稳定的学历教育而言，各类短期培训、岗位培训、实用技术培训、生活技能培训等非学历教育的内容更为丰富，形式更为多样，其实用性、时效性十分明显。根据多鲸教育研究院发布的《2023中国职业教育行业发展趋势报告》以及相关统计，职业培训在整体职业教育市场规模中的占比约为30%。

面对庞大的培训需求，职业院校要进一步完善办学功能，不仅要做强做优学历教育，还要做大做实非学历教育，为人人成功创造机会。要将非学历教育与培训作为办学的一项重要功能，使相关制度设计向此倾斜，比如对于非学历教育，可以按照当量折算方式，由政府提供生均拨款。

此外，职业院校要立足"面向人人"的定位，发挥学历教育和非学历教育并举的优势，开发形式多样、内容丰富的职业教育课程，满足不同群体的学习需求。要探索多种学习成果认定办法，促进不同学习成果的认定和转换，为国家制定相关政策提供更丰富的案例样本，为建设"人人皆学、时时能学、处处可学"的学习型社会贡献力量。

四、践行终身学习理念

在当今这个日新月异、知识更新迅速的时代，终身学习已经成为个人不可或缺的能力。职业教育作为培养专业技能和提升职业素养的重要途径，为个人进行终身学习提供了坚实的保障和持续的动力。

一个拥有高素质技能人才的社会，必然是一个充满活力和竞争力的社会。而职业教育，正是培养这类人才的重要途径。职业教育可以为社会输送一批又一批具备专业技能和终身学习能力的优秀人才，为国家的经济建设和社会发展提供源源不断的动力。

在这个知识爆炸的时代，终身学习已经成为每个人必须面对的挑战。而职业教育无疑为我们提供了宝贵的资源和支持，它帮助我们打下坚实的基础，培养我们持续学习的能力，使我们在职业生涯中能够不断进步、勇攀高峰。职业教育不仅为我们提供了接受专业技能培训的机会，更激发了我们的求知欲和探索精神。它教会我们如何在知识的海洋中航行，如何在职场中立足。而对知识的渴望和对进步的追求，正是终身学习的核心所在。

无论是在学校的理论学习中，还是在车间的实践操作中，抑或是在职场的每一个挑战中，我们都能够感受到职业教育与终身学习紧密交织，它们共同构成了我们成长的阶梯，让我们在不断攀登中实现自我价值的提升。

拓展链接

学一技之长，
成就出彩人生

随堂活动

1. 你认为终身学习的重要意义何在？
2. 结合你的职业规划和未来目标，制订你的终身学习计划。

实践活动

活动名称：职业故事会。

活动目标：

1. 帮助学生深刻理解职业的多样性，改变对职业的固有认知。

2. 让学生认识到所有人都能通过职业教育在各自的职业领域取得成就，理解职业教育面向人人的理念。

3. 锻炼学生的表达能力、倾听能力和分析能力。

活动准备：

学生提前一周通过家人、朋友、网络、书籍等渠道搜集接受职业教育的人的职业故事。职业故事应包含职业选择原因、面临的困难、克服困难的方法及职业发展现状等。

活动步骤：

活动步骤及内容如表6-1所示。

表6-1   活动步骤及内容

活动步骤	活动内容
教师开场	教师简要阐述职业教育面向人人的理念，说明本次活动的目的是通过分享职业故事，了解不同人的职业发展历程；鼓励学生积极参与，大胆分享
故事分享	教师邀请3～4名学生上台分享自己搜集或亲身经历的职业故事，每名学生的讲述时间应控制在3分钟内。其他学生认真倾听，可记录感兴趣或有疑问的点

续表

活动步骤	活动内容
小组讨论	教师将学生分成小组，每组5～6人，基于刚才听到的职业故事展开讨论。讨论的内容包括：故事中职业教育起到了什么作用？从故事里可以看出从事相应职业需要具备哪些素质？这些故事体现了职业发展的哪些共通之处？不同背景的人在职业生涯中应如何实现自身价值？每组推选一名代表，负责记录讨论要点
小组代表发言	小组代表依次发言，分享小组讨论成果，发言时间为2～3分钟。其他小组可进行补充提问，形成互动交流。教师适时引导，确保讨论围绕"职业教育面向人人"这一主题展开
活动总结	教师总结本次活动，回顾学生分享的职业故事及讨论成果，再次强调职业教育不受年龄、性别、环境等限制，是面向每一个人的教育；鼓励学生积极探索自己的职业道路，重视未来可能接受的职业教育

活动延伸：

1. 组织"职业故事征文比赛"，让学生将自己搜集或创作的职业故事整理成文章参赛，进一步加深对职业的认识。

2. 开展"职业体验周"活动，联系本地企业、职业院校等，安排学生实地体验不同职业的工作环境和内容。

项目七
职业教育的办学特色

学习目标 ↓

1. 理解职业教育就业与升学并重的发展路径
2. 掌握"教、学、做"一体化人才培养模式的内涵
3. 了解产教融合、校企合作的办学模式

任务一　发展路径的特色

情境导入　　　　　中职学生小林的成长之路

小林在中考后未能进入理想的普通高中，带着一丝失落和迷茫，他选择了家附近的一所中等职业学校，报读了智能制造工程专业。刚入学时，小林对自己的未来充满担忧：一方面担心中职学生在就业市场上缺乏竞争力，另一方面又对升学途径不太了解，不知道是否还有继续深造的机会。

在班主任和学业导师的引导下，小林逐步了解了学校实施的"双轨制"人才培养模式：既重视职业技能的实训，也为有意愿升学的学生提供升学指导与课程支持。小林深入学习了机械识图、机床操作、数控编程及质量检测等核心技术课程，并通过校企合作项目，在实训基地接受企业工程师的悉心指导，参与汽车零部件制造流程，从而大幅提升了动手能力和工程思维。

小林通过不断探索与实践，逐步规划了自己的发展蓝图：先考取相关职业资格证书，为就业奠定技术基础；再借职教高考之力，升入机电一体化大专院校深造；毕业后，进入合作企业边工作边学习，实现"就业+升学"的双重飞跃。

两年后，小林凭借过硬的实操能力和良好的工作态度，被一家新能源汽车制造企业录用，成为生产一线的技术骨干。在工作之余，他报名参加了企业与高校联合开设的"工学交替"课程，采用"线上+线下"的混合式学习模式，每周在线学习理论知识，周末到合作高校的实验室参加实践探讨。经过3年的学习与积累，他晋升为车

间技术主管，并获取了大专文凭，现正筹备报考职业本科院校，以期实现更高层次的职业发展。

这个案例不仅展示了小林在中考失利后的成长经历，也真实反映了职业教育的办学理念——"就业与升学并重"。这一理念得到了国家政策的支持，并在相关实践中得到了体现。

【思考题】

1. "就业与升学并重"的含义是什么？结合小林的成长经历，谈谈你的理解与看法。

2. 在"双轨制"人才培养模式下，职业教育应如何平衡技能训练与学科教学？你认为这种模式对学生未来发展的作用体现在哪些方面？结合案例加以分析。

一、中等职业教育的定位从"以就业为导向"转变为"就业与升学并重"

现代教育体系以义务教育为基础教育，注重在义务教育的基础上因地制宜，统筹推进职业教育和普通教育协调发展。中等职业教育是现代职业教育体系的基础，不仅强调向学生传授文化基础知识，更注重培养学生的专业技能、职业素养和职业规划能力。中等职业教育与普通高中教育同属于高中阶段教育，是不同的教育类型，具有同等重要的地位。

党的二十大报告明确提出了"坚持高中阶段学校多样化发展"的战略方针，旨在通过职普融通等措施，促进普通高中教育和中等职业教育形态的多样化，以适应经济社会发展的需求。中等职业教育作为高中阶段教育的重要组成部分，肩负着推动高中阶段教育多样化发展的重任。坚持发展中等职业教育是以人为本、促进公平的要求，是保障经济、社会发展和优化教育结构的需要。中等职业教育秉持就业与升学并重的原则，致力于为学生提供就业渠道、升学机会以及职普融通的多元化发展路径。

（一）就业

在现在的中等职业教育中，选择就业的学生在从中等职业院校毕业后就会走向社会。中等职业教育在就业方面发挥的作用如下。

（1）服务产业需求，为经济社会发展提供有力支撑。全国中等职业学校共设置了19个专业大类、358个具体专业，全面覆盖了国民经济的各行各业，其专业设置紧密贴合经济社会的发展需求。特别是在加工制造、高速铁路、城市轨道交通运输、电子商务及现代物流等快速发展的行业中，职业学校成为新增从业人员的主要来源。职业学校毕业生已经成为产业大军的主要来源。

（2）服务稳定就业，为促民生保稳定发挥积极作用。自2006年以来，中职毕业生的就业率一直保持在95%左右（2016年的就业率达到了96.72%），对口就业率在70%以上。中职毕业生就业呈现去向多元、渠道多样、实体经济供不应求、区域差距明显缩小等特点。在现代制造业、新兴产业，受过职业技能培养训练的高素质劳动者普遍掌握了技术技能，成为推动中小企业集聚发展和区域产业迈向中高端的重要力量。

（二）升学

2022年2月23日，教育部在新闻发布会上介绍了推动现代职业教育高质量发展的两大任务——提高质量与提升形象，并详细阐述了相关的措施和目标。教育部在此次新闻发布会上明确了中等职业教育的定位从"以就业为导向"转变为"就业与升学并重"，并提出"中等职业教育是职业教育的起点而不是终点""在保障学生技术技能培养质量的基础上，加强文化基础教育，扩大贯通培养规模，打开中职学生的成长空间"。中等职业学校已经打通了面向高职、职业本科等院校的升学路径，中职学生在获得相应学历后同样有攻读硕士、博士研究生的权利和资格。

此外，教育部在此次新闻发布会上指出："扩大职业本科、职业专科学校通过'职教高考'招录学生比例，使'职教高考'成为高等职业教育招生，特别是职业本科学校招生的主渠道。"

从"以就业为导向"到"就业与升学并重"，助力学生升学成为中等职业教育的新使命。2019年，国务院印发的《国家职业教育改革实施方案》提出建立"职教高考"制度，中职学生有了一条专门的升学路径。目前，中职学生可以通过三二分段、五年一贯制、中本贯通、中高本贯通、职教高考、对口单招、技能拔尖人才免试入学等多种渠道升学。尤其是职教高考，深受初中毕业生的喜欢。种种政策已表明，中等职业教育是职业教育的起点而不是终点，中职学生的升学需求已经得到政策的正视和支持。同时，劳动力市场对高层次技术技能人才和复合型人才的需求不断增长，这使得中职学生希望通过提升学历获得更广阔的发展空间。

二、高等职业教育形式"以就业为主、升学为辅"的办学走向

2020年，教育部等九部门印发《职业教育提质培优行动计划（2020—2023年）》，提出不限制专科高职学校招收中职毕业生的比例，适度扩大专升本招生计划，为部分有意愿的高职（专科）毕业生提供继续深造的机会。由此可见，高等职业教育同样可以为学生提供深入学习的渠道。但是，高等职业教育的目标是培养满足社会发展需求的高素质、高技能专业人才，如财务会计、汽车修理工、淘宝店铺运营人员等专业型人才，其办学导向不在于"升学"，而在于"就业"，相关教育活动主要是为了帮助学生掌握满足企业岗位需求的工作技能，提升学生的社会竞争力。因此，高等职业教育形成了"以就业为主、升学为辅"的办学走向：一方面，维持以就业为导向的专业教育模式；另一方面，在强调就业目标的前提下，给予学生自主选择的空间，让学生能够自由选择就业或者升学。

三、构建中职—高职专科—职业本科的贯通培养体系

中职学生在一段时间内曾被严格限制升学，长期以来，许多人认为"读了中职就不能上大学"。但是伴随着经济社会的发展，中职升学政策逐渐放宽。2019年，教育部发布的《高职扩招专项工作实施方案》提出取消高职招收中职毕业生的比例限制。2021年，教育部发布《职业教育专业目录（2021年）》，并于2024年更新该目录，一体化设计了中职—高职专科—职业本科的贯通培养体系，目前已经开设了1 394种专业，基本覆盖了国内各个领域的行业。中职—高职专科—职业本科的贯通培养体系为中等职业教育提升吸引力创造了良好的顶层设计，让中等职业教育真正成为"就业有能力、升学有优势、发展有通道"的教育。

例如，北京某职业学院构建了"2+3+2"一体化贯通培养体系，其中中等职业教育历时2年，高等职业教育历时3年，职业本科教育历时2年。学校用7年时间对学生进行培养，在学生毕业时直接授予学生职业本科毕业证书与学位证书。职业本科毕业证书上的院校名称有"职业"字眼，学位证书在授权、授予标准等方面突出职业能力和素养。职业本科毕业证书与普通本科学位证书在就业、考研、考公等方面具有同等法律效力，持有职业本科毕业证书的学生可以到人才市场上求职，有继续深造需求的毕业生可以考研或申请出国留学。

随堂活动

1. 对比分析职业教育与普通教育。

活动目标：理解职业教育"就业与升学并重"的办学理念。

活动形式：根据所学内容，填写表7-1，分析职业教育与普通教育的差异。

表7-1　　　　　　　　职业教育与普通教育的差异

对比维度	职业教育	普通教育
培养目标		
课程设置重点		
升学路径		
就业优势		

2. 阅读以下案例，回答问题。

某中等职业学校与本地汽车制造企业合作开设"智能制造订单班"，学生毕业后可选择升学（参加职教高考）或直接进入企业工作。这种模式是如何体现"就业与升学并重"的？

拓展链接

现代职业教育发展历程中的三大里程碑

_____

_____

_____

任务二　人才培养模式的特色

小吴的成长之路

　　22岁的小吴进入某职业院校学习智能家居安装与维护专业时，面对复杂的电路图和智能设备操作手册，感到无从下手。此外，老师讲解理论知识后，学生只能在实训室模拟操作，实训场景与真实工作场景存在差距。

　　新学期，学校推行"教、学、做"一体化人才培养模式，与本地智能家居领域的龙头企业共建实训基地。小吴和同学们上第一堂课时就被老师带到实训基地，企业的工程师正在安装智能安防系统。工程师一边拆解设备，讲解布线原理，一边示范如何通过手机App调试联动功能，小吴和同学们在旁边观察记录。大家回到学校后，去一体化教室上课。老师针对智能安防系统的安装难点，结合课本中的电路知识和物联网原理进行深度解析，并提供同款设备供学生实操。

　　毕业前，小吴不仅熟练掌握了智能家居全流程服务技能，考取了行业认证证书，还凭借参与过10余个实际项目的经验，被合作企业提前录用为技术主管助理。

　　这种"在做中学、在学中做"的模式，让知识传授、技能训练与实际工作无缝衔接，真正实现教学过程与生产过程的一体化。

【思考题】

1. 什么是"教、学、做"一体化人才培养模式？
2. 你从这个案例中得到怎样的启发？

一、能力培养与实践锻炼并重

　　职业教育的目标是培养应用型人才和具有一定文化水平和专业知识技能的人才，这一目标决定了职业教育注重提升学生的专业技能和实践操作能力。接受职业教育获取的学历相对较低，但是职业教育在能力培养方面能发挥重要作用。职业院校会开设各种各样与职业相关的实用性较强的课程，专门教授学生各种安身立命的技能，主要目的就是让学生掌握必要的与职业相关的知识与技能，培养实干型人才。同时，职业教育非常注重实践锻炼，通过产教融合、校企合作等办学模式，能够为学生提供充分的技能学习与岗位实习的机会，从而让学生满足相应职业领域的需求。

二、"教、学、做"一体化人才培养模式

　　职业教育采用"教、学、做"一体化人才培养模式，突破了传统教育"重理论，轻实践"的局限，将教师的指导教学、学生的自主学习与真实的操作实践有机融合，构建起贴

近岗位、注重能力、促进成长的教学新范式。这一模式不再局限于教师单方面的知识灌输，而是通过情境化、任务化和实境化的教学设计，引导学生在真实或模拟的职业环境中学习与成长，实现知识水平、技能与素养的协同提升。

"教、学、做"一体化人才培养模式主要涉及以下3个核心环节。

1. "教"：教师角色的转变与教学方式的创新

在"教、学、做"一体化人才培养模式中，教师不再是单纯的知识传授者，而是课程的组织者、学习的引导者和实践的促进者。教师需根据岗位能力要求与职业场景特点，系统设计融合理论与实践的教学活动。例如，通过构建真实情境下的任务驱动式项目，如模拟企业生产、技术攻关、客户服务等教学场景，让学生在解决实际问题的过程中掌握理论知识并锻炼实践能力。教师还须具备良好的沟通与引导能力，帮助学生在实践中反思、提问和总结，实现从"被动接受知识"到"主动建构知识体系"的转变。

2. "学"：学生学习方式的转型与能力结构的重塑

对于学生而言，在"教、学、做"一体化人才培养模式下，学习方式将从"听讲为主"转向"做中学、学中做"。学生不再局限于教室内的课本知识学习，而是需要通过参与实际操作、完成综合性项目任务、参与团队协作等多样化学习形式，深入理解知识背后的应用逻辑与操作原理。这种"沉浸式"学习有助于激发学生的学习兴趣和内在动力，增强学生的问题解决能力、创新能力和职业意识，促使学生成为学习的主体、能力提升的主导者。

3. "做"：实践教学的深化与职业素养的培养

实践是"教、学、做"一体化人才培养模式中不可或缺的关键环节，是连接知识与技能、课堂与岗位的桥梁。学生可以通过参与实际工作项目或仿真实训任务，将所学理论知识转化为可应用的技能。例如，在智能制造工程专业中，学生可通过数控编程、产品模型加工、质量检测等环节，全面掌握岗位操作流程，提升专业技能，培养责任意识和工匠精神等关键职业素养。实践教学有如下几种作用。

（1）让教育更贴近实际

"教、学、做"一体化人才培养模式能让教育更加实用和有针对性。想一想，如果学生学习的知识都与工作紧密相关，那找工作时是不是更有优势？这种模式强调把实际工作需求融入教学内容，让学生学到的所有知识都能派上用场，这样一来，学生进入职场时就能更快地适应工作要求，从而提高就业竞争力。

（2）提升学生的综合能力

在"教、学、做"一体化人才培养模式下，学生不仅能学到专业技能，还能在实践中锻炼团队合作能力、创新能力、问题解决能力等。比如，在实际操作中遇到问题时，学生就需要动脑筋想办法解决问题，这样一来，他们的思维能力和问题解决能力就能得到提升。

（3）增强学生的职业适应性和发展潜力

在"教、学、做"一体化人才培养模式下，学生能够更好地理解职业角色，知道将来要从事的工作是什么样的，从事的工作需要具备哪些技能，怎样才能做好工作，等等。这种模式通过提供模拟或实际的工作场景，帮助学生早早地适应职业角色，为他们未来的职业生涯发展奠定坚实的基础。这种模式不仅能让学生学到技能，更重要的是让他们拥有明确的职业发展方向，知道自己的潜力在哪里，怎样才能更好地发展。

简单地说，"教、学、做"一体化人才培养模式主张让学生在学校就能掌握具有实用价值的知识和技能。这样一来，学生在毕业后就能更快地适应社会，找到好工作，实现自己的职业梦想。

三、与行业紧密联系

职业教育的人才培养模式拥有非常强的行业适应性。无论科技和社会如何变化和发展，职业教育都能与各种行业保持紧密的联系，并结合就业市场的岗位需求、技能需求等及时洞察各个行业的发展趋势，顺应社会需求不断更新、优化教育内容，使学生能符合各种行业的需求，并帮助学生打破信息差，在未来就业时拥有更强的竞争力。

拓展链接

全球职业教育
模式对比

👥 随堂活动

活动目标：深入了解"教、学、做"一体化人才培养模式。

活动形式：学习知识+观看直播+策划直播。

任务内容：假设你是某职业院校电子商务专业的学生，完成以下任务。

任务1（教）：听教师讲解直播电商运营流程，记录关键知识点。

直播选品标准：＿＿＿＿＿＿＿＿＿＿＿＿＿

流量提升策略：＿＿＿＿＿＿＿＿＿＿＿＿＿

任务2（学）：观看达人直播，分析影响其成功的因素。

互动技巧：＿＿＿＿＿＿＿＿＿＿＿＿＿

产品展示亮点：＿＿＿＿＿＿＿＿＿＿＿＿＿

任务3（做）：策划一场时长为5分钟的直播，填写表7-2。

表7-2　　　　　　　　　　直播策划表

策划项目	描述
直播主题	
目标受众	
产品核心卖点	

任务三　办学模式的特色

> **情境导入**
>
> ### 数字创意工作室
>
> 小雨就读于某职业院校，在数字媒体艺术专业学习。刚入学时，她发现课堂上的设计项目大多是模拟命题，与市场真实需求脱节。不过，随着学校与本地知名广告企业共建数字创意工作室，她的学习轨迹发生了转变。
>
> 新学期，小雨开始在数字创意工作室学习。在第一次例会上，企业创意总监带来了真实项目——为某新能源汽车品牌设计用于举行上市发布会的数字展厅。创意总监提出需求后，学校教师与企业导师共同拆解任务，从空间建模、交互设计到动态视觉呈现，将项目分解为多个教学模块。小雨负责VR场景搭建，白天，她在工作室用企业提供的专业软件实操，遇到技术难点时，企业导师会在现场指导她；晚上，她会听学校教师结合项目需求补充讲解空间透视原理和3D建模算法。
>
> 在项目推进过程中，企业定期组织提案评审，小雨的方案因缺乏商业落地性被多次驳回。在企业导师的指导下，她深入研究新能源汽车用户画像，调整设计风格，不断优化方案，最终她的方案被客户选中。项目结束后，她不仅获得企业颁发的实践证书，更因出色表现被纳入企业人才储备库。
>
> 在这种模式下，企业获得了低成本、高适配性的创意方案，学校课程内容与行业需求实时同步，学生在校期间就能积累有关真实项目的经验。如今，数字创意工作室已孵化出多个获奖商业案例，真正实现了产业需求与教育供给的双向奔赴。
>
> 【思考题】
>
> 1. 结合以上案例中的职业院校与企业共建的数字创意工作室，说一说什么是产教融合？
>
> 2. 怎样理解校企合作？

一、产教融合、校企合作是职业教育发展的必由之路

2023年7月，教育部办公厅印发《关于加快推进现代职业教育体系建设改革重点任务的通知》，将打造行业产教融合共同体作为构建政行校企协同的职业教育高质量发展新机制的重点任务之一予以部署，并要求建立健全实体化运行机制。这进一步明确了"校"与"企"之间的密切合作关系。对于职业院校来说，推进产教融合，加强校企合作，融入行业产教融合共同体，是必须坚持的发展方向。在这一过程中，"校"对应着"教"，"企"对应着"产"，"校"与"企"之间是相互合作的关系。

在校企合作的过程中，学校与企业都对对方有着一定的需求，具体表现在两个方面。

第一，职业教育的育人目标决定着职业院校必须重视培养学生的实践能力，而让学生到合作企业实习，通过实习将所学的书本知识转化为技能，是职业院校在校企合作过程中的刚性需求。此外，在专业建设与专业课程开发方面，职业院校需要与企业深入合作，双方共同主导，形成"学校专业教师与企业实践导师"结合的"双师制"专业课程教学等模式；在促进学生就业方面，职业院校需要与企业签订人才培养协议，确认合作细节，让学生在毕业后能够进入企业从事与专业相关的职业。

第二，在校企合作的过程中，企业对于职业院校最直观的需求就是补充专业人才、获得技术支持以及解决员工培训问题。补充专业人才是企业与职业院校合作时最主要的需求，通过接收顶岗实习的学生，企业可以直接填补生产岗位缺口，这是企业能获取的最直接的利益之一，能够大幅提升企业参与校企合作的积极性和主动性，往往也是校企合作得以顺利开展的突出原因。获得技术支持，是指企业希望职业院校能够提供一些专业性的服务，如研发新技术、新工艺，制定更高效的管理模式，等等。解决员工培训问题是学校可以提供给企业的最为适宜的服务之一，但往往只能限于基础性、通识性的培训。企业将员工送到职业院校，职业院校对员工进行基础技能方面的培训，能从整体上提高员工的专业技能素养。

在产教融合、校企合作，最终构建行业产教融合共同体的过程中，职业院校与企业都对彼此有着较大的需求，双方能够互惠互利、合作共赢，这也是职业院校必须坚持"产教融合、校企合作"办学模式的主要原因。

二、产教融合、校企合作的主要模式

产教融合、校企合作的最终目的是实现产学研深度融合。这意味着产业方在发挥自身商业性功能的同时，还应承担一定的教育任务，将技术技能人才的培养作为自身的一项重要使命。同样，教育方不应局限于教书育人，还要具备一定的商业思维，配合产业方实现利益最大化。为了达成这一目的，职业院校与企业需要达成深度合作，具体的合作模式主要有：职业教育集团化办学模式、"厂中校"模式和"校中厂"模式、订单班模式、现代产业学院模式、混合所有制模式、市域产教联合体模式、行业产教融合共同体模式等。

1. 职业教育集团化办学模式

职业教育集团化办学模式是指多个优势互补的独立法人主体，以集团章程为共同行为规范，以人才培养为共同目标，以服务经济和社会发展为宗旨，整合政府、行业、企业、科研院所、职业院校各方面的力量而进行的集约化、规模化的职业教育办学行为。职业教育集团化办学模式通过收集、整合各类教育及社会资源，对学生进行全面锻炼，能够充分满足市场化结构对复合型人才的强烈需求。其具体可划分为以政府为中心、公立学校为主体的办学模式，以学校为中心、院校合办的办学模式，以行业为主导、校企共育的办学模式，以股份制为指导、资本支持的办学模式，以国内为主导、跨国合作的办学模式。

2. "厂中校"模式和"校中厂"模式

"厂中校"模式是指学校将课堂搬到企业车间等生产一线，企业接纳学生实习，与学校共同进行人才培养，完成教学任务。"校中厂"模式是指学校提供场地和管理，企业提供设备、技术和师资，校企联合组织实训，主要目的是为学生进行校内实训提供真实的岗位训练条件，让学生提前感受职场氛围和企业文化。

3. 订单班模式

订单班模式是指由学校与企业联合办学，结合企业的特定需求定向培养学生的办学模式。在这种模式下，企业会根据自身的岗位需求，在学校所设置的相关专业中确定订单班的方向，并进行招生选拔。学生在校期间，除了学习基础课程外，还会根据合作企业的制度、精神、文化，接受"量身定做"的适用型人才培养。

4. 现代产业学院模式

现代产业学院模式是指通过校企、校地合作建立资源共用、价值共创、利益共享、风险共担的多功能集合体。现代产业学院是近年来为适应产业转型升级、深化产教融合而兴起的新型教育模式，其与传统职业院校相比更注重与产业的深度对接和协同创新。在这种模式下，企业不仅是"合作方"，更是"共建方"，全程参与学院规划、专业设置、课程开发、教学实施等环节，如共建实验室、订单班。学院为企业提供技术研发支持，企业反哺学院，双方形成"教学—生产—研发—教学"的闭环。

5. 混合所有制模式

混合所有制模式是职业教育领域的一种创新办学模式，旨在激发市场活力，深化产教融合，推动职业教育与产业需求精准对接。在这种模式下，政府（公有资本）、企业（非公有资本）、学校、行业协会等不同性质的主体共同出资，形成多元化的产权结构（如股份制、合作制）。各方通过董事会、理事会等共同参与决策，实现"利益共享、责任共担"。混合所有制模式的典型形式有共建产业学院、股份制实训基地、混合所有制二级学院。比如，在公立职业院校内，引入社会资本成立二级学院（如电商学院、智能制造学院），企业参与课程设计、教学管理，毕业生优先输送到企业。混合所有制模式的优势可以从3个方面来理解。对学生来说，其可以接触真实生产环境，掌握前沿技术；全程接受企业导师的指导，就业竞争力更强；通过"工学交替"获得实习补贴，减轻经济负担。对学校来说，其可以破解资金、设备不足的难题；提升教师的实践能力，打造"双师型"队伍；提高毕业生的就业率和专业对口率。对企业来说，其可以定向培养符合岗位需求的技术人才，降低招聘成本；共享学校科研资源，推动技术转化；通过教育投资享受政策优惠（如税收减免）。

6. 市域产教联合体模式

市域产教联合体模式是中国职业教育领域近年来提出的创新模式，旨在通过整合区域内的教育资源、产业资源和社会资源，构建政府、职业院校、企业、科研机构等多方协同的产教融合平台。在这种模式下，企业提供实习岗位、技术专家、设备，学校输出师资、课程、科研成果，政府给予土地、资金、政策支持，各方共同推进产教融合、校企合作。通过建立市域产教联合体，在专业建设上，学校可以根据产业需求动态调整专业设置；在师资队伍建设上，学校可以组织教师定期到企业实践，企业导师可以参与教学；在学生发展上，学生可以获得项目实践机会，提升就业竞争力；在社会服务上，学校可以开展企业员工培训、技能鉴定等；在科研成果转化上，学校和企业可以联合申报课题，实现技术成果转化。

7. 行业产教融合共同体模式

行业产教融合共同体模式是中国职业教育领域深化产教融合、校企合作的重要创新模式，旨在通过构建跨区域的行业性产教融合平台，推动教育链、人才链与产业链、创新链的有机衔接。这一模式旨在由行业龙头企业牵头，联合职业院校、科研机构、行业协会等，围绕特定行业领域，组建跨区域、实体化运作的产教融合组织。这一模式的典型特征是：行业引领性——聚焦国家战略性新兴产业（如新一代信息技术、高端装备制造等）；跨域协同性——突破地域限制，实现优质资源全国共享；技术前沿性——对接行业最新技术标准和发展趋势；标准统一性——制定行业人才培养标准和评价体系；平台开放性——构建资源共享、信息互通的数字化平台。

随堂活动

活动目标：探索校企合作的实践模式。

活动形式：小组讨论+方案设计。

从前文提到的7种校企合作模式中选择一种，进行小组讨论，并设计合作方案。

（1）合作模式：＿＿＿＿＿＿＿＿＿＿＿＿

（2）学校资源（如师资、设备）：＿＿＿＿＿＿＿＿＿＿＿＿

（3）企业需求（如技术人才支持、研发支持）：＿＿＿＿＿＿＿＿＿＿＿＿

（4）方案设计：以新能源汽车维修专业为例，填写表7-3。

表7-3　　　　　　　　　　校企合作方案

合作项目	学校	企业
课程开发		
实训基地建设		
学生实习安排		

三、职业学校对产教融合、校企合作的生动实践

在职业教育领域，产教融合、校企合作的节点在区域，落实点在企业和学校。近年来，我国各地区不断出台政策和措施，创新职业教育体制机制，使职业教育与经济社会的融合度、契合度不断提升，职业教育区域特色逐渐形成。

案例1　　　　　**天津市——"政行企校研"五方协同职教发展联盟**

天津市以政府为主导，联合行业协会、龙头企业、职业院校及科研机构，成立五方协同职教发展联盟。天津市出台《天津市职业教育产教融合促进条例》，支持校企共建实训基地和研发中心；行业协会牵头制定行业人才标准，定期发布技能岗位需求白皮书；龙头企业提供真实生产项目作为教学案例，如中国汽车工业工程有限公司每年开放数百个实习岗位；职业院校与科研机构联合开发"智能机器人技术"等前沿课程，形成"政策支持—标准引领—项目驱动—科研赋能"的机制。

职业院校推行"企业导师+院校教师"双导师制，企业导师参与教学计划制订、实训指导及毕业设计评审。例如，天津轻工职业技术学院与海尔集团合作开设"智能制造班"，企业导师每周驻校授课8课时，指导学生完成智能生产线调试项目，学生考核合格后可直接入职海尔集团研发部门。近3年，在该制度下培养的毕业生中，95%获得高级工职业资格证书，80%实现高质量充分就业。

天津市在滨海新区建设"产教融合创新示范区"，集聚多个职业院校、高新技术企业和科研平台，形成"教育链、产业链、创新链"三链融合生态。"产教融合创新示范区"每年孵化技术项目超100项，如天津中德应用技术大学与西门子合作开发的"工业4.0实训系统"被全国200余所院校采用，带动区域智能制造产业产值增长12%。

案例2　　　　　**苏州市——"三园合一"产教融合新生态**

苏州市人民政府统筹产业园区、高教园区（含职教）、科创园区规划，确保空间布局、基础设施、政策配套"三同步"。例如，苏州工业园区内，职业院校与博世汽车部件（苏州）有限公司（以下简称"博世"）共建"智能汽车产教园"，园区内教学楼与博世研发中心的直线距离仅为500米，学生可无缝参与企业研发项目。

同时，苏州市人民政府主导建立了"宏观指导—操作实施—园区服务"三级制度，具体内容如下。

宏观层：市人民政府成立产教融合领导小组，统筹协调土地、财政、税收政策。

操作层：职业院校与企业签订《校企合作框架协议》，明确"订单班""技术攻关"等30项合作内容。

园区层：设立"产教服务中心"，提供企业需求对接、学生实习管理、知识产权转化等一站式服务。

通过"一个平台吸引一批企业，一个企业集聚一批人才"模式，苏州健雄职业技术学院与京东集团共建"数字商务产业学院"，引入京东物流大数据平台，学生参与"6·18"年中促销活动，累计处理订单超50万个。学院还联合微软、科大讯飞等企业开设"人工智能训练师"微专业，为苏州数字经济产业输送核心技能人才2 000余人。

案例3　马鞍山市——"三位一体"校企合作服务模式

马鞍山市推出设立校企合作发展专项资金、成立行业协会等政策，鼓励企业深度参与职业教育。例如，马钢集团与马鞍山职业技术学院合作成立"钢铁智能制造学院"，马钢集团投入3 000万元建设仿真炼钢实训中心，马鞍山职业技术学院每年为马钢集团定向培养技术骨干300名。

定期协商制度：每季度召开"校企合作联席会"，解决企业技术难题40余项。

上门服务制度：职业院校教师组成"技术特派员"团队，为中小企业提供设备改造服务，如马鞍山工业学校帮助当地机械企业优化生产线，使其生产效率提升25%。

订单培养制度：开设"海螺水泥班""蒙牛乳业班"等订单班，学生毕业后直接进入合作企业，就业率达100%。

产学研协同制度：校企联合申报省级以上科研项目15项，获经费支持超2 000万元。

马鞍山市人民政府将校企合作成效纳入政府绩效考核，设定"企业满意度≥90%""学生对口就业率≥85%"等硬性指标。2023年，政府绩效考核结果显示，马鞍山市职业院校与企业合作开发课程120门，共建实训基地35个，企业满意度达93%，学生的平均薪资较以传统模式培养的学生提高30%。

案例4　深圳市——"华为ICT学院"产教融合模式

深圳职业技术大学与华为合作共建"华为ICT学院"，聚焦信息通信技术（ICT）领域人才培养。学校引入华为认证的课程体系、技术标准和实训设备，由企业工程师与学院教师共同开发"理论+实操"一体化课程。学生在校期间可参与华为的项目实践，如5G网络部署、云计算平台搭建等，并考取华为HCIA、HCIP等职业资格证书。学校还设立"华为生态班"，与华为上下游企业联合开展订单培养，毕业生被直接输送到华为及其生态企业就业。据统计，该学校毕业生的就业率连续3年保持在98%以上，对口就业率超85%，部分优秀学生成为促进区域ICT产业发展的核心人才，入职首年年薪突破15万元。

案例5 杭州市——"数字经济产业学院"校企协同育人项目

杭州科技职业技术学院与阿里巴巴合作成立"数字经济产业学院"，以电子商务、数字营销为核心方向，打造"教学—实训—创业"全链条培养模式。学院课程由阿里巴巴行业专家与学院教师共同设计，涵盖直播电商、跨境电商、数据分析等领域。学生通过参与"双十一"年终促销活动、企业店铺运营等项目，累计完成超10万个订单。学院还设立"青创中心"，为学生提供创业孵化支持，已有30余个学生团队成功孵化，年营业额突破5 000万元。此外，阿里巴巴每年选派50名企业导师驻校指导，并设立专项奖学金激励优秀学生。该项目获评教育部"产教融合、校企合作典型案例"，成为全国电商职业教育改革的标杆。

拓展链接

全球产教融合的
三大标杆模式

任务四 招生模式的特色

情境导入 从"技能尖子"到"本科工程师"

李明从小就对机械有着浓厚的兴趣，家中的各类小电器总是被他拆了又装、装了又拆。中考结束后，成绩不太理想的他没有选择普通高中，而是毅然填报了山东省一所口碑颇好的中等职业学校。在中等职业学校里，李明如鱼得水，不仅在技能竞赛中多次获奖，还考取了中级电工职业资格证书。

然而，李明心中一直怀揣着一个大学梦。他深知，在如今这个科技飞速发展的时代，仅仅拥有中职学历远远不够。当了解到职教高考这一升学途径后，他便下定决心，要通过自己的努力升入本科院校继续深造。

经过长时间的准备，李明顺利通过了职教高考。收到青岛科技大学寄来的录取通知书的那一刻，李明激动得热泪盈眶。他知道，自己多年的努力和付出终于得到了回报。

回顾自己的升学之路，李明感慨万千。他说："如果没有职教高考，我早就放弃了大学梦。是职教高考，让我有机会继续深造，让我离自己的梦想越来越近。"

【思考题】

1. 企业需要怎样的复合型人才？

2. 什么是职教高考？

2019年，国务院印发的《国家职业教育改革实施方案》提出："建立'职教高考'制度，完善'文化素质+职业技能'的考试招生办法，提高生源质量，为学生接受高等职业教育提供多种入学方式和学习方式。"这既有利于中等职业学校的健康发展，也有利于中等职业学校和高等职业院校开展贯通培养项目，提高高等职业院校的生源质量和人才培养质量。

2021年，中共中央办公厅、国务院办公厅印发的《关于推动现代职业教育高质量发展的意见》明确要求完善"文化素质+职业技能"考试招生办法。具体来看，"文化素质"测试以省级统一命题、统一组织的形式开展，"职业技能"测试由省教育招生考试院负责组织管理，委托部分主考院校具体组织实施。

一、职业院校招生制度改革的历程

2011年，《教育部关于推进中等和高等职业教育协调发展的指导意见》提出推广"知识+技能"的考试考查方式。2013年1月，《教育部关于2013年深化教育领域综合改革的意见》提出推进普通本科与高职教育分类考试，这成为我国高职院校考试招生独立于普通高校考试招生的重要标志；同年4月，《教育部关于积极推进高等职业教育考试招生制度改革的指导意见》提出要加强中等职业学校毕业生对口升高职的专业技能考试。2014年，《国务院关于深化考试招生制度改革的实施意见》进一步深化了高职院校考试招生制度，要求高职院校考试招生与普通高校相对分开，实行"文化素质+职业技能"评价方式。2019年，国务院印发《国家职业教育改革实施方案》，明确提出了职教高考这一有别于普通高考的招生模式，并明确提出职业教育与普通教育是两种不同教育类型，具有同等重要地位。在此背景下，全国多个省份在深入研究职教高考的过程中提出了提前招生、自主招生、注册入学等招生形式。结合《国家职业教育改革实施方案》所提出的"职业教育与普通教育是两种不同教育类型"，我们能够明确，在未来，职业教育和普通教育将会分别构建起目标不同、重要性相同的人才培养体系。

二、为何要对职教高考制度进行改革

为什么要对职教高考制度进行改革？一言以蔽之，产业有需求、社会有诉求、教育有要求。

　　首先，产业有需求。随着经济结构的转型和升级，社会对高技能人才的需求日益旺盛，产业对于高素质、高技能专业人才的需求决定了职业教育要培养具备专业技能与实际操作能力的实干型人才，输出专职从事企业会计、汽车修理工、护士等工作岗位的专业型人才。而在以往的职教招生制度中，高等职业学校主要招收普通高中毕业生，这类学生对于语文、数学、英语等基础学科知识的掌握更加深入，但他们没有接受过职业教育，缺乏职业专业技能的相关知识与实践经验，这让高等职业学校难以培养出比中职学生经验更丰富、技能更高超的人才。

　　其次，社会有诉求。2024年，全国中等职业教育招生418.33万人，在校生1 229.33万人。中职学生群体已经成为不可忽视的一部分，许多家长希望职业教育能够为中职学生提供更多的升学和就业机会，改变中职教育被视为职业教育终点的现象，而职教高考制度改革正是实现这一目标的关键所在。社会对于公平、公正、科学的职教高考制度的诉求，是推动改革的重要动力。

　　最后，教育有要求。第一，高考连接着中等教育和高等教育，在原有的普通高考制度的基础上增加职教高考制度，意味着将高考赛道由一条拓宽为两条，学生接触高等教育的途径得到了拓展，学生无须仅由高考成绩来决定能否获得高等教育资源。第二，改革职教高考制度最直观的目的就是打通中职学生升学的通道，具体表现为结合中等职业学校的专业教学情况，以及高等职业学校对于专业人才的需求，建立起符合职业教育特色和类型定位的、独立的招生考试制度。例如，针对中等职业学校会计学专业，可以结合高等职业学校对于人才选拔的基础要求，以及中等职业学校会计学专业的基本教学内容和教学实际，确定职教高考的具体考试内容，结合职教高考的结果选拔合适的会计学专业人才。这样既可以有效筛选出能够达到高一级培养规格的技术技能人才，也可以有效促成技术技能人才培养规格的螺旋式上升。

三、职教高考制度

（一）何为职教高考

　　职教高考，全称职业教育高考，是区别于普通高考（普通高等学校招生全国统一考试）的职业教育专门性考试招生制度。其核心目标是构建与普通教育升学通道并行的职业教育升学通道，为技术技能人才提供学历提升和职业发展的系统性路径。

1. 相关政策依据

　　《国家职业教育改革实施方案》明确提出"建立'职教高考'制度"，强调职业教育与普通教育是两种不同教育类型，具有同等重要地位。该文件要求完善"文化素质+职业技能"的考试招生办法，提高生源质量，为学生接受高等职业教育提供多种入学方式和学习方式。

　　《关于推动现代职业教育高质量发展的意见》要求"加快建立'职教高考'制度"，

提出扩大职业本科教育规模，到2025年职业本科教育招生规模不低于高等职业教育招生规模的10%。

2．职教高考的两种解读视角

（1）视角一：职业院校学生升学通道的载体

《职业教育提质培优行动计划（2020—2023年）》提出，要"完善'文化素质+职业技能'评价方式"。

职教高考通过考试内容（如专业技能测试）与职业教育衔接，为中职学生提供升入高职专科、职业本科的路径。

（2）视角二：高职院校多元化招生的制度创新

《教育部关于积极推进高等职业教育考试招生制度改革的指导意见》提出改革方向，推动建立和完善多样化的高等职业教育考试招生方式，扩大生源范围。

职教高考打破传统的"一考定终身"模式，面向退役军人、下岗工人、农民工等社会群体开放。

3．考试科目与模式设计

一般来说，职教高考的考试科目与模式如下所示。

文化素质考试：包括语文、数学、英语3科，难度参照普通高中学业水平合格性考试，重点考查基础知识掌握水平和应用能力。

专业技能考试：分为"专业知识笔试"和"技能操作测试"两部分。例如，江苏省职教高考机械专业考试不仅有笔试内容，还要求学生完成实物加工等技能操作，使学生直接对接企业岗位需求。

省级统筹与差异化命题：根据《教育部办公厅关于进一步完善高职院校分类考试工作的通知》，各省可结合产业需求自主命题，如浙江省电商专业考试增设"直播运营策划"实操模块。

4．地方实践与政策创新

山东省：作为全国职教高考改革试点省份，山东省自2012年起探索"职教高考"制度；首创"技能拔尖人才免试入学"政策，获国家级技能大赛奖项的学生可直接保送本科。

浙江省：推出"中本一体化"培养模式，中职学生通过职教高考可升入浙江科技大学等应用型大学，实现"中职—本科"7年贯通培养。

建立职教高考制度是国家深化职业教育改革的核心举措，其政策设计以《国家职业教育改革实施方案》为纲领。职教高考通过"文化素质+职业技能"的考试招生办法，既保障了技术技能人才选拔的科学性，又回应了社会对教育公平和成才路径多元化的诉求。随着各地试点经验的积累和相关政策的持续优化，职教高考正逐步成为职业教育高质量发展的"助推器"。

（二）职教高考与普通高考全面解析

职教高考与普通高考的异同点如下。

1．招生对象不同

职教高考面向职业学校的学生，具体包括普通中专、职业高中、职业中专和综合高中职高班的应届毕业生；普通高考面向普通高中，以应届毕业生为主，同时允许往届毕业生及同等学力人员等报考。

2．考试时间不同

不同省份职教高考的考试时间不一样，一般在每年的3、4月份进行；普通高考一般统一集中在6月7日至9日。

3．命题单位不同

职教高考通常由省教育厅统一组织考试，由各牵头院校组织命题；普通高考由教育部统一命题。

4．所获证书效力相同

通过职教高考与普通高考升入本科的学生，其毕业证、学士证、学位证的效力是完全相同的。

5．学制相同

通过职教高考与普通高考升入本科的学生，其学制一般为4年。

6．升学后待遇相同

在大学期间，从师资安排到课程设置，再到奖学金评定、学位授予等方面，通过职教高考升学的学生同通过普通高考升学的学生无任何区别。

拓展链接

国际职业教育
招生模式对比

👥 **随堂活动**

活动目标：掌握"文化素质+职业技能"的考试招生模式。

活动形式：志愿模拟填报+自我评估。

假设你是一名中职学生，根据自身情况填写表7-4。

表7-4　　　　　　　　　　　　　　　　职教高考志愿

项目	目标院校/专业	文化成绩提升计划	技能强化方向
第一志愿			
第二志愿			

结合实际情况，对自己进行评估。

（1）优势文化科目/技能：_____

（2）弱势文化科目/技能：_____

任务五　教师的特色

情境导入　　从车间到讲台——一名"双师型"教师的成长之路

张老师毕业于一所重点院校的车辆工程专业，凭借扎实的专业知识，他顺利进入一家知名新能源汽车制造企业。

一次，生产线上的一台关键检测设备突发故障，导致整个生产线停滞。技术团队排查许久都毫无头绪，年轻的张老师主动请缨，凭借在学校学到的电路知识和这段时间对设备的熟悉，仔细检查每一条线路、每一个传感器。最终，他发现是一个微小的电容老化，导致信号传输异常。这让张老师在企业里崭露头角，也让他深刻认识到理论与实践结合的重要性。

一次偶然的机会，张老师受到母校的邀请，为学生们开展一场关于新能源汽车行业发展趋势的讲座。站在讲台上，看着台下一双双充满求知欲的眼睛，张老师心中涌起一股别样的热情。讲座结束后，学生们围着他问个不停，那一刻，他萌生了成为一名教师的想法，希望将自己的实践经验传授给更多的学生。

经过深思熟虑，张老师辞去了企业的工作，回到母校成为一名新能源汽车技术专业的教师。几年后，张老师成为学校的骨干教师，他培养的学生在各类技能竞赛中屡获佳绩，不少学生毕业后进入新能源汽车制造企业，成为技术骨干。他也因为取得丰硕的教学和科研成果，被评为学校的"双师型"教师。

【思考题】

1. 什么是"双师型"教师？
2. 职业教育为什么需要"双师型"教师？

2019年，教育部等四部门印发的《深化新时代职业教育"双师型"教师队伍建设改革实施方案》提出："建立具有鲜明特色的'双师型'教师资格准入、聘用考核制度，教师职业发展通道畅通，待遇和保障机制更加完善，职业教育教师吸引力明显增强，基本建成一支师德高尚、技艺精湛、专兼结合、充满活力的高素质'双师型'教师队伍。"

一、"双师型"教师的定义及由来

"双师型"教师，是指既具备相应的理论教学和实践教学能力，又具有企业相关工作经历，或积极深入企业和生产服务一线进行过岗位实践，能够及时将新技术、新工艺、新规范融入教学的教师。"双师型"教师的工作职责是落实立德树人根本任务，遵循教育规律和技术技能人才成长规律，做到"工学结合、知行合一、德技并修"，突出对理论教学和实践教学能力的考察，注重教学改革和专业建设实绩，熟悉行业企业情况。

建设"双师型"教师队伍，是我国早就提出的发展职业教育的重要措施。

2021年，中共中央办公厅、国务院办公厅印发的《关于推动现代职业教育高质量发展的意见》明确要强化"双师型"教师队伍建设，制定"双师型"教师标准，完善教师招聘、专业技术职务评聘和绩效考核标准。

2022年，教育部办公厅发布《关于做好职业教育"双师型"教师认定工作的通知》，同时下发附件《职业教育"双师型"教师基本标准（试行）》，明确认定范围、严格标准要求、加强组织实施、强化监督评价、促进持续发展、注重作用发挥等进行了明确规定，加快推进职业教育"双师型"教师队伍高质量建设。

二、"双师型"教师的标准

以职业教育电子商务专业的"双师型"教师为例，其可以被定义为：既具有丰富的电子商务专业知识和技能，掌握电子商务专业课程的课程标准、教学原理，以及实训方法等，又具有一定的企业相关工作经历或者实践经验，了解电子商务专业相关岗位，如网络策划、网络营销、互联网贸易等岗位的工作过程以及岗位涉及的专业技术。

教育部办公厅发布的《关于做好职业教育"双师型"教师认定工作的通知》对"双师型"教师的标准进行了要求："坚持把师德师风作为衡量'双师型'教师能力素质的第一标准，强化对思想政治素质和师德素养的考察，师德考核不合格者在影响期内不得参加'双师型'教师认定，已认定的应予以撤销。要落实立德树人根本任务，遵循教育规律和技术技能人才成长规律，做到工学结合、知行合一、德技并修。要突出对理论教学和实践教学能力的考察，注重教学改革和专业建设实绩。要熟悉行业企业情况，具有相应的专业技能，以及行业企业工作经历或实践经验。"《职业教育"双师型"教师基本标准（试行）》向中等职业学校、高等职业学校不同层次的"双师型"教师提出了明确的标准要求。比如，高等职业学校教师申报高级"双师型"教师时，需满足以下要求。

（1）深入系统地掌握本专业基础理论，具有丰富的专业知识和精湛的操作技能，掌握国内外本专业发展现状和趋势，掌握先进的教育理念、教学方法，教学业绩突出，教学特色鲜明，形成可供推广和借鉴的教学经验或模式。

（2）在教育教学团队中发挥关键作用，担任地市级以上专业带头人、教学名师、教学创新团队带头人、技艺技能传承创新平台负责人等，主持过重要教育教学改革项目、教学研究项目或科研项目，在教育思想、专业建设、课程改革、实践教学改革、教学方法等方面取得显著成果，发挥示范引领作用，在指导和培养其他教师方面作出突出贡献。有发表、出版的有重要影响的学术论文、教学研究成果、著作或教科书等代表性成果。

（3）具有丰富的企业相关工作经历或者实践经验，熟练掌握本专业工作过程或技术流程，在实习实训教学、设备改造、技术革新、成果转化等校企合作方面取得突出成果，取得重大的经济效益和社会效益。获得相关的国家职业资格高级证书或职业技能等级高级证书，或具有本专业或相近专业非教师系列高级职务（职称），或具有相应的能力水平。

（4）作为主要参与者获得技能竞赛类、教学成果类、科技发明类等代表本领域先进水平的奖项；或指导学生获得省级及以上技能竞赛类、教学成果类、科技发明类等奖励。

三、"双师型"教师是办好职业教育的关键

为什么说"双师型"教师是办好职业教育的关键？我们要结合职业教育的发展进行综合分析。

首先，教师是教育发展的第一资源。职业教育要想抓住历史机遇实现高质量发展，离不开高素质、专业化、创新型教师队伍的有力支撑。教育部办公厅发布《关于做好职业教育"双师型"教师认定工作的通知》，明确要加快推进职业教育"双师型"教师队伍高质量建设，健全教师标准体系。这是我国职业教育领域贯彻党的二十大精神，落实《职业教育法》《中共中央　国务院关于全面深化新时代教师队伍建设改革的意见》和《关于推动现代职业教育高质量发展的意见》等文件要求的重要举措，标志着我国职业教育教师队伍建设翻开了新篇章，"双师型"教师认定进入有国家标准可循的新阶段。各地教育主管部门、职业学校和广大职业教育教师要充分认识这项工作的重要意义，切实提高政治站位，认真贯彻中央要求，消化吸收国家标准，研制符合当地实际的职业教育"双师型"教师认定标准和实施办法，使"双师型"教师认定工作成为各地职业教育提振教师士气、夯实队伍基础、提高办学质量、增强适应性和吸引力的难得契机和重要抓手。

其次，近年来，职业教育与普通教育"不同类型、同等重要"的定位越来越深入人心，职业教育需要培养兼具专业理论知识与专业实践操作能力的实干型人才，这就需要教师同时重视学生对专业知识与实践操作技能的学习，对教师的教学水平与技能提出了新的挑战。在这样的背景下，"双师型"教师具有从事教育和产业工作的双重资质，具备联结产教两端的跨界能力，表现出教育性、职业性和专业性"三性融合"的素质能力特征，最能够满足职业教育进行人才培养的要求。因此，从职业教育的定位角度分析，"双师型"教师是职业院校巩固职业教育类型定位，彰显职业教育人才培养优势、夯实职业教育基础的根本所在。

随堂活动

1. 教师资质：跨界融合的"双师"队伍

浙江某职业技术学院与杭州海康威视数字技术股份有限公司（以下简称"海康威视"）合作，组建了一支"企业工程师+院校教师"的"双师型"教师团队。海康威

视选派10名高级工程师担任兼职教师，负责"智能安防系统设计""工业机器人编程"等课程的教学，并参与教材编写。该学院要求专业教师每5年拥有不少于6个月的企业实践经历，目前该学院95%的教师持有高级电工等职业资格证书。

2. 教学模式：项目化教学对接真实生产

该学院与海康威视联合开发"智能生产线运维"课程，将海康威视的"AI质检设备调试"项目转化为教学案例。学生需在仿真平台上完成设备安装、程序调试、故障排查等全流程任务。

该学院在校内建设"智能制造协同创新中心"，配备与海康威视同步的工业机器人、视觉检测系统等设备，教师带领学生承接海康威视的外包订单，近3年完成技术改进项目23项，为海康威视节约成本超500万元。

3. 成效与政策支撑

该学院的学生连续3年获全国职业院校技能大赛"工业机器人技术应用"赛项一等奖，毕业生的对口就业率达92%，毕业生入职海康威视的起薪达8 000元/月。

该案例充分体现了《深化新时代职业教育"双师型"教师队伍建设改革实施方案》的要求，案例中的学院通过《浙江省职业教育"十四五"发展规划（2021—2025年）》的专项经费支持，实现了"教学能力"与"产业经验"双提升。

思考题：企业工程师参与教学对学生有哪些具体帮助？

_____

_____

_____

四、职业院校"固定岗＋流动岗"的教师使用机制

职业院校"固定岗＋流动岗"的教师使用机制，指的是转变以往教师固定岗位的形式，将固定岗与流动岗相结合，让教师岗位"流动"起来，使一批高层次的人才"流入"职业院校，从而提升职业院校整体的师资水平。职业院校"固定岗＋流动岗"的教师使用机制的主要内容是实施现代产业导师特聘岗位计划，推动形成"固定岗＋流动岗"、双师结构与双师素质兼顾的专业教学团队。

流动岗的存在，让企业人员有了更多流向职业院校的机会，为职业院校开展实践教学、培养学生的实践操作技能提供了教师人才。职业院校可以从行业、企业引进专家、专业人士作为客座教授，聘请多名具有行业及企业背景、实践经验丰富的技术能手和管理骨干作为兼职教师，提升学院"双师型"教师的数量和质量。

拓展链接

全球"双师型"
教师培养模式

随堂活动

活动目标：理解"双师型"教师的核心能力。

活动形式：角色卡设计。

制作"双师型"教师角色卡，制作好角色卡后，对其进行分析。角色卡需包含以下内容。

姓名：_____

企业工作经历（如"华为5G工程师，拥有3年工作经验"）：_____
_____

教学成果（如"开发'智能安防系统设计'实训课程"）：_____
_____

"双师"能力（如"持有高级电工职业资格证，在省级教学比赛中获一等奖"）：
_____

实践活动

综合应用所学知识，完成以下报告。

我的职业定位：_____

我的目标行业：_____

适合我的职业教育路径：_____

我的能力提升计划：_____

我需强化的职业技能：_____

我计划参与的校企合作项目：_____

我对职业教育的理解：_____

项目八

合适的教育就是最好的教育

学习目标 ↓

1. 了解职业教育在学生升学、就业、成长等方面的优势。

2. 掌握多元智能理论，能够根据该理论找出自己的优势智能，并有针对性地制订学习计划。

任务一　职业教育吸引你吗

情境导入　　　　职业教育领域出现"报考热、招生热、高分热"现象

近年来，各职业技术大学出现了"报考热、招生热、高分热"现象。

深圳某职业技术大学：2024年，该校录取的广东省物理学类学生中，最高分为600分，超本科线100多分，该大学录取分数线在省内本科高校中排名第14位。

金华某职业技术大学：2024年，最高投档分为603分。

广东某职业技术大学：2024年，普通物理类最低投档分超本科线78分，普通历史类最低投档分超本科线70分，美术与设计类最低投档分超本科线89分。

浙江某职业技术大学：2024年，高考分数为602分的浙江富阳考生被该校城市轨道交通设备与控制技术专业录取，近年来该专业毕业生的就业率均超过98%，当年该校该专业最高录取分为608分，热门专业最低投档分为573分。

重庆某职业大学：河北省某考生的高考分数超出该省本科线96分，他选择了该校；该校在重庆市内招收的学生的高考分数基本超出本科线50分。

唐山某职业技术大学：2024年，迎来177名首届本科生，录取分数普遍较高，最高分超本科线74分；其首次开设的工艺美术、物联网工程技术等6个本科专业中，多个专业的录取最低分超本科线40分。

职业教育领域出现"报考热、招生热、高分热"现象，在一定程度上说明职业教育不是"终结教育"，也不是"次等教育"，更不是"淘汰教育"，而是一种特色

鲜明的教育类型，接受职业教育的学生既可以升学，也可以就业，还可以先就业再升学。

职业教育的魅力不断增加，吸引了大量中、高考分数超过普高线和本科线的学生。如今，大批选择职业教育的学生走上了技能成才、技能报国之路。

【思考题】

1. 我们是否应该重新认识职业教育？
2. 职业教育的魅力主要体现在哪些方面？

一、职业教育不是"次等教育"

从社会需求的角度看，职业教育完善了人才结构。现代社会产业结构多元化，既需要学术研究型人才，也需要大量技术技能人才。职业教育培养的正是在生产、服务、管理一线的技术技能人才，这类人才是推动产业升级、经济发展的重要力量。职业教育也满足了就业市场的需求。许多行业对技术技能人才有旺盛的需求，如制造业、信息技术产业等。职业教育毕业生凭借其专业技能，在就业市场上具有很强的竞争力，能够快速就业并适应工作岗位，满足企业的生产实践需求。

拓展链接

我们不一样

从教育优势和成果的角度看，职业教育有实践教学优势和技能竞赛成果。职业教育注重实践教学，通过实验、实训、实习等环节，让学生在做中学、学中做，培养学生动手的能力和解决实际问题的能力。这种教学模式能使学生更好地将理论知识与实践相结合，毕业后直接进入工作岗位并迅速上手。此外，在各类职业技能竞赛中，职业院校学生屡获佳绩。这些成绩证明了职业教育在培养学生专业技能方面的卓越成效，展示了职业教育学生的实力和水平。

从学生发展的角度看，职业教育的升学渠道畅通。职业教育建立了从中职到高职、本科甚至研究生的升学通道，学生可以通过对口单招、专升本等方式继续深造，提升学历层次，拓宽发展空间。职业教育学生在毕业后能够凭借专业技能在职业道路上获得稳定的发展。随着工作经验的积累和技能水平的提升，他们可以晋升为技术骨干、工程师等，在各自的领域取得出色的成就。

2024年，在第47届世界技能大赛上，浙江某职业学校的康邦成击败多位欧美选手，拿下烹饪（西餐）项目冠军。这是中国代表团首次夺得该项目的金牌，也让更多人看到了具有"东方之魂"的美味佳肴。康邦成发自内心地热爱烹饪、美食，因此，中考后他放弃了升入普通高中的机会，毅然报考相关职业学校。对于他的选择，家人一半支持，一半反对。反对的主要原因是"担心他没有前途"。但是，他下定决心要在充满烟火气的舞台上实现自己的人生理想。2019年，年仅17岁的康邦成开始参加国内外大大小小的烹饪比赛，取得不错的成绩。2020年，他在中华人民共和国第一届职业技能大赛烹饪（西餐）项目摘得金牌，成为"全国技术能手"。

另一个例子是任职于某上市企业的栾成坤。栾成坤虽然只有22岁，但他已有两年工作经验。2022年，从青岛某职业技术学院数控技术专业毕业后，他顺利应聘至现在任职的某上市企业产品设计开发岗，每天工作8小时，月收入7 000~10 000元。如今，担任部门制图小组组长的他，带领团队开展3D打印项目，对于当下的工作与生活很满意。

随着我国社会经济发展与产业结构转型，职业教育的专业设置方式、教学模式持续创新优化，职业教育毕业生的就业道路逐步拓宽。在漫长的人生岁月中，他们可能成为能工巧匠、大国工匠，赢得社会的尊重与认可。

二、职业教育不是"断头教育"

随着产业转型升级，社会对高层次复合型技术技能人才的需求明显增加，中等职业教育或高等职业教育已经不能满足需求。2019年，全国首批15所职业本科试点学校经教育部批准诞生，职业本科教育的试点开展打破了职业教育的"天花板"，职业教育学生的"升学路"不再是"断头路"。职业本科教育增加了培养时间，能在帮助学生打好理论基础的条件下，培养学生创新的能力和解决生产管理服务一线的实际问题的能力，满足企业对高层次复合型技术技能人才的需求。职业教育发展层次如图8-1所示。

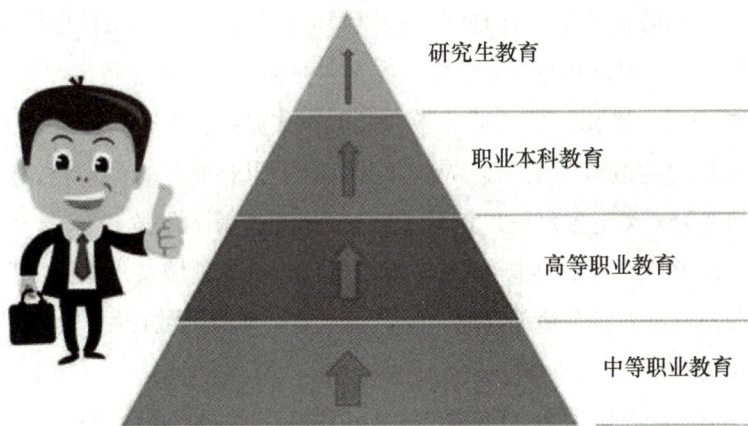

图8-1　职业教育发展层次

2022年，首届职业教育本科生毕业，其就业情况良好。教育部发布的《2023年全国教育事业发展统计公报》称，2023年职业本科招生8.99万人，比上年增加1.36万人，增长17.82%。

2024年7月，党的二十届三中全会审议通过的《中共中央关于进一步全面深化改革　推进中国式现代化的决定》对深化教育综合改革进行系列部署，针对职业教育明确提出"加快构建职普融通、产教融合的职业教育体系"。

在高考结束后，一些考生以远超一本线的分数进入职业院校的相关新闻频上热搜，再次引发人们对职业教育的思考与探讨。一些热门院校甚至出现了通过高考入学的新生的分数全部达到本科线的"盛况"。而职业本科院校更是备受追捧，有些职业本科院校的招生分数线甚至远超当地普通本科院校。

随着国家对职业教育的改革不断深入，目前中职学生升学的路径十分丰富。中职学生可以通过报考单招/对口升学升入专科、本科，毕业后也能继续接受研究生教育取得专业硕士、博士学位。"职教高考"的升学渠道彻底打通，多层次、多渠道的人才培养体系已经建成。这大大改变了学生和家长对职业教育的认知，使职业教育实现了为国家持续性发展输送人才的最终目的，也实现了各类学制的殊途同归。如今，职业教育不再是终结性的"断头教育"，而是学生新的起点。

三、职业教育是有温度的教育

职业教育是国民教育体系和人力资源开发的重要组成部分，是广大青年成功、成才的重要途径。

1．职业教育是一种教育类型

2019年，国务院印发的《国家职业教育改革实施方案》开篇明确提出"职业教育与普通教育是两种不同教育类型，具有同等重要的地位"，并在"总体目标与要求"中表示，职业教育要"由参照普通教育办学模式向企业社会参与、专业特色鲜明的类型教育转变"。2022年5月1日，新修订的《职业教育法》正式施行，明确"职业教育是与普通教育具有同等重要地位的教育类型"，从法律上巩固了职业教育的类型地位。职业教育由"层次教育"转变为"类型教育"，获得了与普通教育平等的地位。

在改革开放的40余年里，中国制造业和服务业的诸多领域就从"跟跑"实现了"领跑"，中国产品遍及世界各个角落。这个巨大成就离不开数以亿计的产业工人，也离不开高速发展的职业教育。

党的二十大报告提出："统筹职业教育、高等教育、继续教育协同创新，推进职普融通、产教融合、科教融汇，优化职业教育类型定位。"在教育强国建设新征程中，基础教育是基点，高等教育是龙头，职业教育是脊梁。随着我国产业结构升级和经济增长方式的转变，我国成千上万的高素质技术技能人才将成为支撑社会高速发展的重要力量。

2．职业教育是有温度、有生命的教育

（1）职业教育旨在提高学生的职业幸福感

我国职业教育的先驱黄炎培先生指出，职业教育追求"使无业者有业，使有业者乐业"。职业教育能帮助大众实现及时就业，给谋生者以技艺，给技艺者以美好生活。

职业院校的教学内容比较实用、专业性强，学生可以更好地根据自己的兴趣选择专业、发挥特长、挖掘潜力；职业院校的毕业生技能操作能力强，实践经验丰富，可以通过专业课程学习和实习、实训等，取得相应的职业资格证书或者职业技能等级证书，这些证书是其未来就业的"敲门砖"。

新质生产力的出现，使得职业院校毕业生的就业环境愈加优化。在2024年世界职业技术教育发展大会上，教育部部长指出，职业教育应顺应时代发展的趋势、坚守教育的本质、保持职业教育的特质，在时与势中锚定发展坐标，在危与机中寻求创新突破，成为面向人人（Inclusive）、面向产业（Industry-oriented）、面向创新（Innovative）、面向智能（Intelligent）、面向国际（International）的"5I"教育。

（2）职业教育为学生提供了更多样的选择机会

我国职业教育主动适应经济结构调整、产业变革和民生需求变化，取得了很大的发展成就。

根据产业布局和行业发展需要，国家大力发展面向先进制造等产业需要的新兴专业。教育部职业教育与成人教育司相关负责人介绍，《职业教育专业目录（2021年）》共设立19个专业大类、97个专业类、1 349个专业。而在先进制造业、战略性新兴产业和现代服务业等领域，一线新增从业人员70%以上是职业院校的毕业生。

与普通教育相比，职业教育给学生提供了更为个性化的学习路径，让学生能够根据自己的兴趣和职业规划，有针对性地学习，从而更有效地发挥自己的特长。同时，学生还可以根据自身的基础条件、能力特长以及家庭经济状况，选择最适合自己的教育方式和专业方向。对形象思维能力和动手能力强的学生而言，选择职业教育和自己感兴趣的专业更有利于其发展。

（3）职业教育有全方位的资助政策

根据2024年政府工作报告和教育部公布的数据，全国接受职业教育的学生群体中，大多数学生来自农村和中低收入家庭。职业教育的资助政策解决了贫困家庭的孩子上学付不起学费的现实问题，让人人都有接受教育的机会。

中职阶段的资助政策以国家奖学金、国家助学金和免学费为主，地方政府资助、学校和社会资助及顶岗实习等为补充。

① 国家奖学金。对中等职业学校全日制在校生中特别优秀的学生进行奖励，每年奖励2万名学生，奖学金标准为每生每年6 000元。

② 国家助学金。资助中等职业学校全日制正式学籍一、二年级在校涉农专业学生和

非涉农专业家庭经济困难学生。平均资助标准为每生每年2 000元。

③ 免学费。对中等职业学校全日制正式学籍一、二、三年级在校生中所有农村（含县镇）学生、城市涉农专业学生和家庭经济困难学生免除学费（艺术类相关表演专业学生除外）。

拓展链接

职业教育的理性选择

高职学生可以享受的资助政策主要包括以下几类。

① 国家奖学金。奖励特别优秀的高职在校生，标准为每生每年8 000元。

② 国家励志奖学金。奖励品学兼优、家庭经济困难的高职在校生，标准为每生每年5 000元。

③ 国家助学金。资助家庭经济困难的高职在校生，平均标准为每生每年3 000元。

④ 国家助学贷款。由政府主导，金融机构向高校家庭经济困难学生提供免担保、免抵押的信用助学贷款，帮助解决在校期间的学费和住宿费，每生每学年贷款金额原则上最高不超过8 000元，在校期间利息由财政贴付。

⑤ 应征入伍服义务兵役学费补偿贷款代偿及学费减免。对应征入伍服义务兵役的高等学校在校生及毕业生在校期间缴纳的学费或获得的国家助学贷款实施一次性补偿或代偿，对退役后复学的高校在校生（含高校新生）实行学费减免。

⑥ 勤工助学。学校设置校内勤工助学岗位，并为学生提供校外勤工助学机会。家庭经济困难学生优先考虑。

3. 职业院校是培养大国工匠、能工巧匠、高技能人才的主阵地

教育部职业教育与成人教育司司长在2024年教育部举办的新闻发布会上介绍了我国职业教育改革发展的总体情况："党的十八大以来，中国特色职业教育发展道路和模式基本形成，职业教育吸引力、影响力、竞争力不断增强，职业教育面貌发生了历史性、格局性变化。"在发展规模上，职业教育分别撑起我国高中阶段教育和高等教育的"半壁江山"。

高技能人才是职业教育的培养目标，也是推动科技创新和产业创新深度融合的重要主体。从这个角度来看，职业教育是一种培养技术大师的精英教育。职业教育注重培养学生的基础素质，尤其是拼搏精神、顽强意志、创新精神，使得他们未来即使面对艰巨的工作任务也能坚持不懈、精益求精，不断取得工作成绩和个人进步。

同时，职业教育能够更有效地塑造学生的健全人格，使他们在就业之后能持续奋斗，最终实现从普通员工到精英的蜕变。

在2024年世界职业技术教育发展大会上，教育部副部长提出"职业教育上连高等教育、下接基础教育""肩负着培养更多高技能人才的光荣使命，尤显重要、尤为必要、尤其紧要"。

如今，我国已建成世界上规模最大、质量较高的职业教育体系。在全面建设社会主义现代化国家新征程中，职业教育前途广阔、大有可为。

任务二　选择职业教育的三大理由

情境导入

从青涩到卓越：专业知识铺就成功之路

南京浦口中专高星级专业饭店运营与管理专业2021级学生张珂，从一名初出茅庐的"小白"逐渐成长为国奖获得者，背后是其无数日夜的辛勤耕耘。在浦口中专求学的时光里，他不仅对自己的专业学习毫不松懈，还积极营造班级学习的良好氛围，成为同学们学习的榜样。

张珂常常借阅旅游方面的书籍，并利用休息日去周边的高星级酒店调研。他敏锐地发现，在大数据时代，国内酒店行业发展迅速，业态充满活力，行业急需具有创新能力的优秀人才。

"获得一等奖就可以上本科"，老师的这句话坚定了张珂参加高星级酒店运营与管理技能比赛的决心。从在省赛中获得一等奖到在国赛中获得二等奖，每一步都凝聚了他的汗水与努力。回忆起那段艰苦的训练时光，他感慨万千。由于训练条件有限，他在训练中常常汗流浃背，头发总是湿漉漉的。他只能一次次地跑向卫生间，用冷水冲洗脸和胳膊，然后回去继续训练。除此之外，由于实训场地有限，他不得不开启"抢场地大作战"。在多双眼睛紧盯练习室的情况下，一旦练习室开门，他便以迅雷不及掩耳之势冲进去，见缝插针地练习。

在正式参加国赛时，面临恶劣天气、呕吐不断、赛中出错等状况，他快速调整状态，在赛场上沉着稳重地发挥，最终在比赛中脱颖而出，获得了全国二等奖，充分展现了精湛的专业技能和良好的职业素养。站在领奖台上，聚光灯下的他显得格外耀眼。他激动地说："虽然有些遗憾，但这次比赛让我有了不断进取的动力。我会继续努力，争取在未来的比赛中取得更好的成绩。"

【思考题】

1. 从课堂到赛场，张珂的经历带给我们哪些启示？
2. 面对不同的升学路径，你会如何规划自己的人生赛道？

一、升学有通道

职业教育贯通培养经过长期实践，呈现多元化格局。2019年政府工作报告提出，高职院校大规模扩招100万人。2020年、2021年高职院校大规模扩招200万人。2019年《高职扩招专项工作实施方案》提出，取消高职招收中职毕业生比例限制，允许符合高考报名条件的往届中职毕业生参加高职院校单独考试招生。这意味着，中职毕业生的升学大门被打开，出路更宽、更广。

我国职业教育贯通培养模式主要包括中高职贯通、中本贯通和高本贯通3类。其中，中高职贯通作为主体模式，占据主导地位；中本贯通和高本贯通处于起步阶段，但发展势头强劲。

（一）中高职贯通

中高职贯通是指招收初中毕业生，对其进行5年或6年的贯通培养，学生完成所有学业后可获得高职毕业证书的培养模式。从培养主体、培养时间和是否分段等来看，中高职贯通可分为五年一贯制、"3+2"、"3+3"、"2+3"、"2+2+2"等模式。其中，五年一贯制和"3+2"模式是各省（市）所采用的最为普遍的模式。

五年一贯制是不分学段的贯通培养模式，包含"5+0"和"0+5"两种模式。"5+0"模式主要集中在中职院校，而"0+5"模式主要集中在高职院校。在个别省（市），高职院校设立附属中专部，学生在中专部就读3年后，转段升入本校高职院校就读2年。

"3+2"模式是在两所不同学段（中职、高职）的学校通过合作的方式进行一体化设计、分段式培养的模式，学生先在中职学校就读3年，通过转段考核并符合相关要求的，可被对口高校对应专业录取，并在高职院校就读2年，多数省（市）均采用这一模式。

"3+3"模式是指学生前3年就读中职，取得中职文凭，后3年到对口的高职院校就读，取得全日制高职文凭。采用此模式的有江苏、辽宁、贵州等。

"2+3"模式是指学生在中职学校就读2年，参加转段考试，符合录取条件的考生升入对口高等职业院校，就读3年，达到毕业要求后取得专科毕业证书。采用此模式的有甘肃等。

"2+2+2"模式是指中职学校、高职院校、企业联合开展"中职2年+企业2年+高职2年"的贯通培养。河北、内蒙古等正在探索此模式，实践成效尚待检验。

（二）中本贯通

对于中本贯通，各省（市）普遍采用"3+4"模式，部分采用"3+2+2"模式。"3+4"模式是指学生在中职学校就读3年，通过省级教育行政部门统一的文化素质测试以及本科院校的职业技能考试，升入本科阶段学习，完成规定学业后可获得本科毕业证书和相应学位。2014年，上海开始探索"3+4"模式。安徽、山东、上海、福建、海南等地均探索过中本贯通。与中高职贯通相比，中本贯通规模较小，与我国职业本科建设规模呈正相关。

"3+2+2"模式是指前3年为中职教育，中间2年为高职教育，最后2年为本科教育。从2021年起，"3+2+2"模式调整为"5+2"模式，即学生前5年在中职学校接受培养，后

2年在本科院校接受培养。

中本贯通具有多重优势，如缩短学生接受职业教育的年限，便于学生尽早步入工作岗位；有助于拓宽中职学生的升学渠道，为中职学生提供更多继续深造的机会。

（三）高本贯通

高本贯通是由本科院校和高职院校开展的联合培养模式，主要有"3+2""4+0""5+2"等模式。一般情况下，本科院校和高职院校共同制定考试选拔、教师配备、条件保障、人才培养等工作方案，建立人才培养质量自主保证机制，分段或由高职院校一贯制地进行人才培养。"3+2"模式是指学生前3年在高职院校学习，通过规定考试后在本科院校学习2年；"4+0"模式主要是指高职院校和本科院校联合办学，学生在相应的高职院校就读4年，毕业后由合作本科院校颁发毕业证书；"5+2"模式是指五年制高职办学单位与本科院校共同办学，学制7年，分段前后的学习地点分别在相应的五年制高职办学单位和本科院校。

高本贯通有助于培养应用型本科人才，满足社会对技能人才的需求。

部分地区职业教育贯通培养模式统计表如表8-1所示。

表8-1　　　　　　　　　部分地区职业教育贯通培养模式统计表

序号	地区	中高职贯通	中本贯通	高本贯通
1	北京	五年一贯制（5+0）、3+2	3+2+2（后调整为5+2）	3+2
2	河北	五年一贯制（0+5）、3+2、2+2+2	3+4	3+2
3	内蒙古	五年一贯制（0+5）、3+2、2+2+2、3+3	3+4、3+2	3+2、5+2
4	辽宁	3+2、3+3	3+2+2（后调整为5+2）	3+2
5	吉林	3+2、3+3	3+4	3+2
6	黑龙江	3+2	3+4	3+2
7	上海	3+2	3+4	3+2
8	江苏	3+3、4+2	3+4	5+2、3+2、4+0
9	浙江	高职一体化五年制	3+4	3+2

序号	地区	中高职贯通	中本贯通	高本贯通
10	安徽	五年一贯制（0+5）、3+2、3+3	3+4	3+2
11	福建	五年一贯制（0+5）、3+2	3+4	3+3、3+2
12	江西	五年一贯制（0+5）、3+2	3+4	3+2
13	山东	五年一贯制（0+5）、3+2	3+4	3+2
14	河南	五年一贯制（0+5）、3+2	3+4	3+2
15	湖北	五年一贯制（0+5）、3+2	3+4	3+2
16	湖南	五年一贯制（0+5）、3+2	3+4	3+2
17	广东	五年一贯制（0+5）、3+2	3+4	无
18	广西	3+2	3+4	3+2
19	海南	3+2	3+4	3+2
20	重庆	3+2	3+4	3+2
21	贵州	五年一贯制（0+5）、3+3、3+2	3+4	无
22	甘肃	五年一贯制（0+5）、2+3	3+4	3+2
23	青海	五年一贯制（0+5）、3+2	3+4	3+2
24	新疆	五年一贯制（0+5）、3+2	3+2	3+2、4+0
25	新疆生产建设兵团	五年一贯制（0+5）、3+2	3+2	3+2、4+0

二、就业有保障

职业教育学生就业质量稳步提升，就业对口度高，职业发展较好。3 000余万名职教学子在校"有学头"、技能"有练头"、升学"有渠道"、就业"有质量"。

据教育部统计数据，截至2023年7月1日，全国已有2 951所高职学校开展毕业生就业工作，共计就业559.7万人，就业率为98.34%。

职业教育是与经济产业联系最紧密的教育类型，注重对学生的实践能力的培养，采用工学结合、理论实践一体化的教学模式，直接对接岗位需求，节约了学生适应社会的时间。职教学子可以通过掌握一技之长找到一份好的工作，通过不断钻研提升技术水平，成长为企业的技术骨干。

（一）营造公平环境，破除就业"门槛"

《职业教育法》规定："用人单位不得设置妨碍职业学校毕业生平等就业、公平竞争的报考、录用、聘用条件。机关、事业单位、国有企业在招录、招聘技术技能岗位人员时，应当明确技术技能要求，将技术技能水平作为录用、聘用的重要条件。事业单位公开招聘中有职业技能等级要求的岗位，可以适当降低学历要求。"

《2024年大学生就业力调研报告》显示，2024年中国高校毕业生人数创历史新高，大专毕业生的offer（录用通知）获得率为56.6%，明显高于本科和硕博毕业生的offer获得率。

（二）从制度上保障学生高质量就业

2024年9月，《中共中央　国务院关于实施就业优先战略促进高质量充分就业的意见》提出拓展高校毕业生等青年就业成才渠道、保障平等就业权利等24条举措。这是中央层面出台的促进就业的重磅指导性文件。

为了保障学生高质量就业，政府出台了多项公共政策，如表8-2所示。

表8-2　　　　　　　　　　　　保障学生高质量就业的公共政策

政策类型	相关规定
拓宽职业教育毕业生发展渠道支持政策	1. 鼓励地方对高校毕业生开展一次性创业补贴试点工作，设立高校毕业生就业创业基金，并为其创业提供股权投资等服务。 2. 离校2年内未就业高校毕业生灵活就业后缴纳社会保险费的，给予社会保险补贴。 3. 下岗高校毕业生从事个体经营的，按规定给予创业担保贷款、税收优惠、创业补贴等政策支持。
就业见习支持政策	1. 实施三年百万青年见习计划；将就业见习补贴范围由离校未就业高校毕业生扩展至16~24岁失业青年。 2. 扩大就业见习规模，支持企业、政府投资项目、科研项目设立见习岗位。 3. 艰苦边远地区、老工业基地可将见习对象范围扩大到离校未就业中职毕业生。
职业教育学校建设支持政策	1. 推进高校毕业生等重点群体就业，发挥高校毕业生就业指导机构的作用；引导高校毕业生等各类劳动者树立正确的择业观、就业观。 2. 加强职业培训教材、数字资源开发和师资队伍建设。

续表

政策类型	相关规定
企业吸纳职业教育毕业生就业支持政策	1. 深化产教融合，并且鼓励社会资本、产业资金投入职业教育。 2. 提高事业单位针对高校毕业生招聘比例，扩大"三支一扶"计划等基层服务项目招募规模。 3. 拓宽高校毕业生市场化社会化就业渠道，创造更多有利于发挥高校毕业生专长和智力优势的知识技术型就业岗位。 4. 扩大企业就业规模，拓宽基层就业空间，支持自主创业和灵活就业，稳定公共部门岗位规模。

（三）订单式培养，扩大校企双元育人"朋友圈"

国家对职业院校在办学过程中深化产教融合、校企合作高度重视，截至2022年12月，全国组建了1 500多个职业教育集团（联盟），涵盖企业、学校、行业、科研机构在内的4.5万余家成员单位，形成了资源共享、责任共担、合作发展的具有中国特色的职业教育办学模式，实现教育链、人才链、产业链、创新链的融通。

订单式培养实现了"招生即招工""入校即入厂"的目标，补齐了"蓝领"队伍的短板，为培养大国工匠和能工巧匠奠定了人才基础。

例如，为适应新质生产力的发展要求，培养更多的现场工程师，安徽职业技术大学积极寻求与企业开展校企联培的路径，共同培养适应职业教育发展规律、社会需求的技能人才。2024年5月，安徽职业技术大学与长鑫科技集团股份有限公司举行"长鑫订单班"签约揭牌仪式，这次签约具有重大意义和前瞻性，双方期待校企合作能够开花结果，打造全国校企合作的典型样板。

再如，2024年9月，安徽汽车职业技术学院"大众安徽'双元制'"订单班2021级新能源汽车技术专业毕业典礼在大众汽车（安徽）有限公司研发中心举行。在大众汽车（安徽）有限公司首席执行官葛皖镝和安徽汽车职业技术学院党委书记彭桂贞的共同见证下，73名学子完成学校和企业的联合培养，正式进入大众汽车（安徽）有限公司就业。

企业订单班是学校与企业共同开发的教育项目，旨在培养符合企业需求的专业人才。通过这一教育项目，学生在学习期间就能接触到真实的工作环境和企业文化，为职业生涯打下坚实的基础。企业订单班作为校企合作模式的成功案例，为学生搭建了从校园直通职场的桥梁。

三、人生能出彩

目前，我国已建成世界规模最大的职业教育体系。职业教育在培养技能人才、服务就业民生、助推产业升级、助力乡村振兴等方面日益发挥着重要作用。三百六十行，行行出状元，根据以下几个案例，学生们能更深刻地认识到职业教育助力学生成就出彩人生。

宋彪，来自常州技师学院，安徽蚌埠人。在第44届世界技能大赛中，宋彪勇夺"工业机械装调"项目金牌，并荣获本届世界技能大赛阿尔伯特·维达大奖。江苏省人民政府为宋彪记个人一等功、授予其"江苏大工匠"称号，并奖励其80万元。江苏省人力资源和社会保障厅认定宋彪为副高级专业技术职称，优先推荐宋彪评选省有突出贡献中青年专家、享受国务院政府特殊津贴人员。

姜雨荷，出生在南阳邓州一个普通农村家庭。2017年，中考落榜后她南下广东，在一家电子厂做操作员。2018年3月，姜雨荷再次走进学校，成了河南化工技师学院的一名学生。2022年11月，在世界技能大赛特别赛奥地利赛区，姜雨荷夺得化学实验室技术项目金牌，实现我国该项目金牌"零"的突破。从初中毕业后就开始打工，到站上世界冠军的领奖台，她用奋斗铸就了多彩的青春。姜雨荷获得了2023年度全国三八红旗手称号。现在，她是河南化工技师学院正高级职称老师。

拓展链接

陈建林：用心守护"人造小太阳"

汪愿涵，安徽职业技术大学学生，现为中国电子科技集团公司第三十八研技所无线电装接工、技师。10多年来，她从事航天航空产品的装配焊接工作，在无线电装接领域精准掌握航空航天军工体系技术要点，其无线电装接技术水平为行业内领先水平。她曾荣获中国电科技术能手、省级质量创新一等奖、国家二类竞赛"卓越杯"电子专用设备装调工大赛冠军、全国青年岗位能手、全国技术能手、安徽工匠2021年度人物、2023年首届"长三角大工匠"等奖项和荣誉称号。汪愿涵作为技能过硬、善于钻研的新时代技术技能人才的典型代表，其参与研制的相关项目已经成为夜空中闪耀的明星，她也成了推动我国航天产品生产的骨干力量。

任务三　每个学生都是潜在的"天才"

⤭ **情境导入**　　　　　　　努力成为一名优秀的汽车维修技师

张伟是一名初三学生，中考前几个月，他对自己的未来已经有了清晰的规划——他想接受职业教育，尽早掌握一门实用的技术，进入职场。

张伟的父亲是一名厨师，母亲是一名会计，他们对张伟的选择既支持又担忧。父亲放下手中的职业教育宣传册，认真地问："张伟，你真的决定接受职业教育吗？走这条路可能会很辛苦，而且你需要从基础开始学起。"

　　张伟点点头，坚定地说："爸，我知道。我对汽车维修特别感兴趣，每次看到修理厂的师傅们修车，我都觉得他们特别酷。我想学一门技术，早点工作，积累经验。"母亲轻轻拍了拍张伟的肩膀，微笑着说："我们尊重你的选择，但你要明白，接受职业教育不仅需要学习技能，还需要具备职业素养和持续学习的能力。你准备好了吗？"

　　张伟笑了笑："妈，我准备好了。我已经查过了，我看中的那所职业技术学校的汽车维修专业很有名，学校不仅开设了很多理论课程，还会为学生提供很多实践机会。我还听说，这所学校的学生毕业后可以直接去合作的修理厂实习，甚至有机会留在那里工作。"

　　父亲点点头："既然你这么有决心，那我们就支持你。不过，你要记住，选择了这条路，就要全力以赴，不能半途而废。"张伟郑重地点点头："我记住了！我一定会努力成为一名优秀的汽车维修技师。"

【思考题】

　　1. 你认为要做出理想的职业选择应该考虑哪些因素？请结合张伟的案例，从个人兴趣、社会需求、发展空间3个角度分析他的选择是否合理。

　　2. 如果你是张伟，你会如何规划自己未来5～10年的职业生涯？请说明你的分阶段目标（如考证、积累经验、积累资金等），并给出理由。

　　长久以来，在应试教育的指挥棒下，社会大众对职业院校学生存有"差生"的刻板印象。然而，"差生""优生"其实是个体差异导致的。

一、人人皆能成才：加德纳的多元智能理论

　　加德纳经过对人类认知能力的多年潜心研究，于1983年出版了《智能的结构》一书。他在该书中提出了一个有关智力的新定义，即"智能是在特定的文化背景下或社会活动中，解决问题或制造产品的能力"。根据此定义，加德纳提出了多元智能理论。

　　加德纳认为，人的智能是多元的，主要包括以下8种。

　　（1）语言智能：运用语言传达讯息，激发、取悦他人的能力。

　　（2）音乐智能：能享受音乐节奏、演出、作曲的能力。

　　（3）逻辑数学智能：以一种有秩序的方式操作符号或句型间关系的能力。

　　（4）空间智能：在视觉艺术或空间展示上，能感受创造平衡的能力。

　　（5）身体动觉智能：在运动、表演艺术方面施展的能力。

　　（6）内省智能：了解自己内在感受、梦想和观念，并能自省、自制的能力。

　　（7）人际智能：能了解他人、与人相处的能力。

（8）自然智能：了解自然环境并与之和谐相处的能力。

这8种智能既相互独立又共同发挥着作用，我们在解决问题时需要运用到多种智能，并且可以通过学习提升智能。多元智能理论在教育领域的最佳实践路径就是开展多样化、个性化的教育。可见，多元智能理论为职业教育"人人皆能成才"提供了重要的理论基础。

在教育目标上，多元智能理论并不主张将所有学生都培养成全才，而是认为应该根据学生的不同情况来确定最适合每个学生的发展道路。通俗地讲，多元智能理论不是让学生同时过独木桥，也不是简单地要求给学生多架几座桥，而是主张给每个学生都架一座桥，让每个学生都来有所学、学有所得、得有所长。多元智能理论认为，学生之间的"差异"不应该是"差距"的代名词，而应是学生个性多样化的自然表现。教育的价值除了体现为为社会培养有用之才，更在于发展和解放人本身。这也就意味着，职业教育本质上要实现为"多元智能而教"的目的。

职业教育工作者应该树立多元化的观点，尊重个体的多样性，正确认识和对待学生之间存在的"差异"，既重视学生在接受理论知识方面所表现出来的个性，又及时发现和肯定学生在其他方面显现出的特长和才华，以此挖掘学生的潜能，充分发挥学生的特长，因材施教，促进学生的全面发展。

二、职业教育：人才成长的另一路径

1. 人人都能选择合适的教育

基于多元智能理论，职业教育给个体提供了符合自身智能结构的发展通道，其本质在于尊重个体的成长，实现个体的个性化发展。从拥有的智能结构看，许多初、高中毕业生适合走职业教育的道路，适合就读于职业学校，适合接受技能型、操作型的教育，这样更能凸显他们的特长，树立他们的成才信心，促使他们学有一技之长并满意就业。这部分学生如果接受普通教育，面临关于语言智能、逻辑数学智能方面的学习任务和考核检验时，会无所适从、难以适应，同时错失选择职业教育、学习技能的机会。

随着我国进入新发展阶段，各行各业都迫切需要大批技艺精湛、精益求精的技术技能人才。近年来，为提高技术技能人才的社会地位，大力弘扬工匠精神，相关部门持续加强政策供给。例如，《职业教育法》为培养更多高素质劳动者和技术技能人才、打造现代职业教育体系夯实基础，《技能人才薪酬分配指引》推动企业建立健全符合技能人才特点的工资分配制度，《"十四五"职业技能培训规划》专门就完善技能人才职业发展通道提出了明确要求。

我国经济要靠实体经济支撑，就需要大量专业技术人才，需要大批大工匠。从"嫦娥"奔月到"祝融"探火，从建设港珠澳大桥到建设北京大兴国际机场……诸多重大项目、重大工程的顺利实施，都离不开技术技能人才的奉献与付出。在"人人皆可成才、人人尽展其才"的时代背景下，中国技术技能人才队伍将迎来新的发展期。

2. 差异化成长路径

教育是培养人的社会活动，也是社会发展的产物。教育培养的人才的类型是由社会需要所决定的，主要包括以下3种。

第一种为学术型人才，主要指理论工作者，他们专注于探讨自然科学和社会科学领域中的规律、原理，以客观世界或人类社会为研究对象，他们取得的科学革命成果是技术革命的引擎和理论支撑。

第二种为工程技术或管理型人才，他们根据现实需要，把科学规律、原理等转化成可以直接运用于实践的方案、计划、图纸以及流程规范等，从事的工作主要是决策、规划和设计等。

第三种为技术技能人才，他们的主要任务是将设计、规划、决策以及流程规范转变成可以为人类直接使用或享受的社会产品。

学术型人才主要由普通文理类高等院校培养，工程技术或管理型人才主要由普通工程类或人文社科类高等院校培养，技术技能人才主要由职业院校培养。《职业教育法》规定，专科层次高等职业学校设置的培养高端技术技能人才的部分专业，符合产教深度融合、办学特色鲜明、培养质量较高等条件的，经国务院教育行政部门审批，可以实施本科层次的职业教育。

多元智能理论为我们理解人的个性提供了新的视角。每一个人都存在各自的智能优势，只要接受适当的教育，就达到较高的发展水平。那么究竟如何理性地选择职业教育呢？

首先，客观评价自己。我们要对自身条件有比较清晰和客观的认识，要善于发现自己所拥有的能力素质，并了解哪些能力素质与未来的发展相关，如何在未来的实践中转化和运用它们；学会利用多种渠道，如利用专业测评工具、专业书籍、专家、个人成功成才的案例来强化客观评价自己的意识，发现自己的优点和强项，了解自己的不足和需要改进的地方。

其次，了解自己需要提升的能力。我们不仅要了解哪一种专业适合自己，了解专业知识和技能学习的规律是什么，拟定学习目标和方案，也要有意识地逐渐培养自己的组织能力、口头表达能力、管理能力以及把控情绪的能力等。

再次，积极参与社会实践。我们要利用兼职、企业实习等途径尽可能多地与社会接触，了解社会的需求，有的放矢，从而成为社会需要的人才。

最后，做好职业生涯规划。职业生涯规划对于个体的成长成才起到至关重要的作用。简单地说，职业生涯规划指的是个体以自身的实际情况为基础，结合当下的机遇、挑战及障碍，合理拟定自己未来的发展方向、职业道路等。在职业生涯规划的过程中，个体需要确立合适的目标，不断地进行自我评估及目标调整。

拓展链接

从辍学打工到
斩获全国金奖

任务四　让职业教育"有学头、有盼头、有奔头"

情境导入

　　来自农村的小张因家庭经济压力放弃接受本科教育，选择就读于一所职业学校，学习机电专业，毕业后在流水线上工作，月薪为4 000元。2021年，他抓住"产教融合"政策机遇，参加某职业院校与科技企业共建的"工业机器人系统运维员"培训项目，系统掌握了PLC（可编程逻辑控制器）编程、机器视觉等前沿技术。结业后，他通过校企双选会被某新能源汽车企业录用，负责智能化产线运维，首年综合月收入达1.5万元，较此前增长275%。如今，他不仅成为车间的技术骨干，更通过企业"新型学徒制"项目攻读本科学历，近期带领团队完成激光导航AGV（自动导向车）改造项目，使车间物流效率提升了40%。小张的下一个目标是向智能制造专家方向发展。小张从流水线工人到企业技术骨干的蜕变，印证了新时代学生选择"技能改变命运"这一成长路径的可行性。

【思考题】

　　1. 如果小张当初选择接受本科教育，是否可能更快实现职业发展？请从时间成本、行业特性两个维度思考。

　　2. 结合小张的经历，你认为对他产生直接影响的政策有哪些？

一、让职业教育"有学头"

　　受"学而优则仕"这一传统观念的影响，一些家长以孩子能否考进知名高校作为孩子是否有出息的标准，很多学校将学业成绩作为评价学生的标准。这一系列认知偏差，既直接导致社会片面追求学历，不能真正实现人才多元化、多样化，又对大多数学生的成长和发展造成了不良影响。

要让职业教育"有学头"，就需要寓学习于实践。职业教育不做高深的理论研究，面向的是就业市场的需求，因此要求学生将学习内容与未来工作紧密结合。在课程设置上，职业院校要紧贴实战需要安排课程内容。除了课堂学习，学生还要经常到企业一线去学习最实用、最常用、最管用的技术技能。在师资力量的配备上，当前，我国职业院校已形成双师素质与双师结构结合的"双师型"教师队伍，核心是使职业院校的理论教学与实践教学相结合，引导学生学以致用。

此外，《职业教育法》规定："职业学校学生在升学、就业、职业发展等方面与同层次普通学校学生享有平等机会。""高等职业学校和实施职业教育的普通高等学校应当在招生计划中确定相应比例或者采取单独考试办法，专门招收职业学校毕业生。"这些法律规定必将改变社会对受职业教育者只能当工人、做蓝领，而不能当管理者、做白领的固化认识，真正提高职业教育的社会认可度，对于缓解部分学生、家长的"普职分流焦虑"，健全我国职业教育体系具有重要意义。

二、让职业教育"有盼头"

党和国家层面为职业教育做了很好的顶层设计，促进有关职业教育的各项政策落地。2021年，中共中央办公厅、国务院办公厅印发了《关于推动现代职业教育高质量发展的意见》，提出了职业教育高质量发展的目标。党的十九大以来，我国出台了一系列有关职业教育改革发展的重大举措，诸如《国家职业教育改革实施方案》《职业教育提质培优行动计划（2020—2023年）》《关于推动现代职业教育高质量发展的意见》等。2022年，《职业教育法》完成修订，为新时期职业教育改革发展提供了强大的指引和支撑。随着我国经济社会不断发展，职业教育作为最贴近经济社会发展的教育类型，其定位也在不断调整。根据《职业教育法》重新审视职业教育的定位，是我们把握职业教育发展方向、谋划职业教育改革发展的必要前提。国家正通过加强政策供给，畅通发展通道，提供多样化的选择，吸引更多的学生理性选择职业教育，让职业教育"有学头、有盼头、有奔头"，形成职业教育与普通教育协调发展、齐头并进的良好局面，努力为每一个学生提供让人生出彩的机会。

进入新时代，国家也赋予了职业教育在社会发展总体格局中新的功能与定位。在国家层面，职业教育被纳入宏观经济政策。针对现实需求，《职业教育法》不仅对人才培养的过程提出更具体的规定，更是在第十二条明确提出"提高技术技能人才的社会地位和待遇"，在第二十一条则要求"大力发展先进制造等产业需要的新兴专业……加快培养托育、护理、康养、家政等方面技术技能人才"，给人才培养提供了重要的法律保障。

此外，职业教育在丰富乡村业态、培养乡村人才、建设乡村文化等多个方面都具有独特的优势。《职业教育法》明确提出"支持举办面向农村的职业教育……培养高素质乡村振兴人才""各级人民政府加大面向农村的职业教育投入"，构建乡村支持职业教育发展和职业教育促进乡村振兴的良性循环。总体上，《职业教育法》在多个方面引导职业教育事业与国家重大发展战略相融合，这既是对职业教育战略价值的确认，也是在为职业教育发展赋权、赋能。

《关于推动现代职业教育高质量发展的意见》明确指出，到2025年，职业本科教育招生规模不低于高等职业教育招生规模的10%；到2035年，技术技能人才社会地位大幅提升。只要锲而不舍地将这些蓝图一步步变成现实，就能真正让接受职业教育的学生对未来更有盼头。

三、让职业教育"有奔头"

全社会给予职业教育充分的尊重和信任，在就业、职称评定等方面为接受职业教育的学生提供公平的机会、广阔的舞台，能够让他们凭借自身的技术技能，在工作中大显身手、干劲十足，从而让他们有奔头，对未来充满希望。

安徽某职业技术学院智能制造学院2021级学生李云龙，2024年5月登上《人民日报》"2022—2023学年度本专科生国家奖学金获奖学生代表名录"，曾获国家励志奖学金，以及"第十七届大学生年度人物"入围奖、全国大学生职业规划大赛全国总决赛金奖、第九届中国国际"互联网+"大学生创新创业大赛铜奖、全国职业院校技能大赛"建筑智能化系统安装与调试"赛项二等奖等奖项，获中国大学生自强之星、安徽省大学生年度人物、安徽省大学生自强之星标兵、安徽省百优大学生、安徽省高等学校优秀毕业生等称号。在校期间，李云龙扎实开展学业，专注技术创新，围绕液压控制技术领域，授权发明专利一项；创办安徽声谷智能科技有限公司，带动百余人就业。其事迹被共青团中央、人民网等媒体转载报道，本人也免试被安徽建筑大学录取，继续攻读电气工程及其自动化专业学士学位。

从郴州安仁县某中学毕业的段润平，从小担任班长、学习成绩优异，却在高考中遭遇了人生的滑铁卢。带着高考失利的遗憾与不甘，段润平和同学南下广州，在一家贸易公司打暑期工。人生的第一份工作让他吃尽了苦头，也让他明白了学习的重要性。经过一番深思熟虑后，段润平选择了湖南铁道职业技术学院机电一体化技术专业。走进大学校园，在老师的鼓励和帮助下，段润平不仅专注于本专业的学习，也会去听其他优秀专业老师的课，还成了一名优秀的学生干部。大学期间，让他印象最深、收获最多的是在飞翔电子协会的经历。跟着一群志同道合的朋友做自己喜欢的事情，让段润平迅速找到了前进的方向。在协会指导老师及学长的指引下，段润平像海绵一样，源源不断地吸收着各种知识、技能，没课的时候就泡在协会、实训中心和图书馆里。

毕业后，眼光独到、专业底蕴深厚的段润平一头扎进物联网行业，伴随智能家居领域的不断发展，利用自身的资源和优势，借助国内技术实力较强的智能家居品牌的智能产品在湖南智能家居行业打造了不少优质项目，并创立了湖南润创科技有限公司（以下简称"湖南润创"）。随着工业自动化、智能化领域的飞速发展，湖南润创很快拓展了一个新的业务板块，成长为一家集RFID（射频识别）及物联网技术研发、生产、销售于一体的高科技技术型企业，拥有了一批发明专利、商标等，更是于2019年跻身中国物联网行业标杆单位。

拓展链接

高职毕业生凭借什么赢得本科院校青睐

经过几年的坚持和创新，湖南润创将产品成功应用到中国神华、中车集团、各大职业院校等地，在国产RFID智能化管理领域打开了新局面。2020—2023年，湖南润创联合湖南铁道职业技术学院"段树华名师工作室""粟慧龙名师工作室"，将两个工作室申请的专利成功转换成具有实用价值的智能产品。这些产品解决了工厂、铁路、事业单位、教育单位的实际工具、物料的存放、借出、记录等管理难题。让段润平备感骄傲的是，湖南润创联合湖南铁道职业技术学院共同开发了智慧实训管理系统、智能电气综合实训台、智慧实训室数据管理平台等产品。这些产品在段润平的母校成功应用，解决了实训室长期以来在人员、工具、材料、设备等方面存在的管理问题，大大提高了实训效率，减轻了管理人员的负担，同时学院可以通过大数据后台分析学生的实训情况，助力学生成长成才。

我国现已建成世界上规模最大的职业教育体系。《国家职业教育改革实施方案》指出，随着我国进入新的发展阶段，产业升级和经济结构调整不断加快，各行各业对技术技能人才的需求越来越紧迫，职业教育重要地位和作用越来越凸显。目前，生产一线存在劳动者素质偏低和技能人才紧缺等问题；从制造业比较发达的沿海地区看，技术工人短缺已成为制约产业升级的突出因素。我国正由制造大国向制造强国迈进，工匠精神和品牌意识越发受到重视。近10年来，我国职业教育从"层次"走向"类型"、从以政府为主体走向多元参与，肩负起培养多样化人才、传承技术技能的使命，助力学生成长成才。

实践活动

活动名称：获得"离岛通行证"。

活动目标：掌握多元智能理论，能识别不同智能；理解智能具有多元性，认知人类智能的差异化存在形式。

活动形式：情景模拟+创意展演。

活动内容：

假设全班同学乘坐一艘船出海，突然遇到风暴，漂流到一座神秘的"智能岛"。这座岛上有8个不同的区域，每个区域代表一种智能。所有人只有运用自己的优势智能，才能完成挑战，获得"离岛通行证"。

全班同学分成8组，每组随机抽取一张"智能岛"任务卡，任务卡上写有本组抽到的区域及对应的智能。每组讨论如何发挥智能离岛，并有5分钟的讨论时间，讨论之后派代表展示成果。教师决定给讲得好的小组核发"离岛通行证"。其中，8个区域及对应的智能如下所示。

语言区——擅长写作、演讲、讲故事；

逻辑数学区——擅长解谜、计算、推理；

空间区——擅长绘画、设计；

音乐区——擅长唱歌、作曲；

身体动觉区——擅长运动、做手工、舞蹈；

人际区——擅长合作、调解、领导；

内省区——擅长反思、制订计划、独立学习；

自然区——擅长分类、探索自然、观察细节。

项目九

职业教育前途广阔、大有可为

任务一　职业教育可促进人的全面发展

人的全面发展包括人的劳动能力发展、人的社会关系的全面丰富和人的素质提高。职业教育的终极目标和核心功能就是实现人的全面发展，这是职业教育发展的最高层次。

情境导入　　　　　　　　　　社区"技能之星"

2023年春季，北京某职业学校的校园咖啡店迎来了一位特殊的客人。一位社区老人带着一台出故障的咖啡机前来寻求帮助，机电设备维修与管理专业三年级学生李明主动上前帮忙。通过拆解咖啡机，李明发现了问题——生锈的蒸汽管导致咖啡机加热异常。在维修过程中，他不仅用专业工具更换零件，还自制图文说明书指导老人对咖啡机进行日常维护。这个温暖的场景被拍成短视频，短视频获得50万次点赞，更让李明获得社区"技能之星"称号。

谁能想到，以前的李明曾是患上"手机依赖症"的典型代表，对学习和实操提不起兴趣。转机出现在一次机电实训中，当他第一次用万用表检测出电路板故障点时，老师看到他眼中闪烁的光芒，表扬了他。现在的李明拥有3种职业资格证书，成为了社区"技能之星"。

【思考题】
1. 李明成功的关键是什么？如果是你，你愿意选择这样的职业道路吗？
2. 你觉得现在社会对技工的看法有变化吗？你身边有人选择当技工吗？

一、职业教育培养高素质技术技能人才

在科学技术突飞猛进、经济结构转型升级不断提速、现代化建设要求日益提高的当下，职业教育担负着培养高素质技术技能人才的职责，并致力于从以下几个方面来培养高素质技术技能人才。

（一）培养职业意识

职业教育能够从社会主义现代化建设的角度，帮助学生认识不同职业的价值和意义，让他们清晰地意识到从事平凡的职业也能成就不平凡的事业，能够把个人的人生理想与自己从事的职业紧密联系，热爱自己即将从事的职业，具有对所从事职业的责任感、获得感、幸福感。

（二）培养专业能力

职业教育注重让学生理解职业技术的基本知识及其之间的联系，掌握基本的技能操作方法和操作规范，能够运用所学知识与方法分析和解决工作过程中遇到的一般问题，具有掌握包括信息技术在内的通用技术和运用数字技术、AI的能力，具有与职业或岗位相匹配的较为完备合理的专业知识结构和能力结构，形成较强的岗位胜任力。

（三）提升职业素养

职业教育能帮助学生形成严守职业道德、遵守劳动法律、遵循工作规程的观念，培养团队协作的能力，使学生能够基于工作的需要提出优化和改革的设想，不断创新，在工作过程中能够精神饱满地完成任务。

（四）提供生涯发展动力

职业教育能帮助学生进行清晰的自身规划，培养终身学习的能力，让学生不断优化自己的知识结构，并能自主学习新的职业技能，及时把握特定职业及相关职业领域的发展趋势和最新动态，提高职业适应能力。此外，职业教育还能帮助学生正确面对职业倦态和职场挫折，增强职业效能感，培养精益求精、不断进取的工匠精神。

二、职业教育赋能人的全面发展

职业教育通过一定的教育手段影响人们的身心发展，以获得预期的效果。如果说普通

教育是将人们系统地引入自然科学、社会科学等领域，让人们熟知物理、数学、文学和艺术等方面的知识，并拥有运用这些知识的能力和强健的体魄，使人们德智体美劳全面发展。那么，职业教育则是在普通教育的基础上，按照科学合理的教育目标，赋能特定人群的个性发展。职业教育注重培养具有特定职业技能的人才，以满足现代社会对劳动力的需求，其特点是针对性和专业性强。

（一）职业教育培养人的职业观和道德观

个体对职业的态度在很大程度上取决于其职业观和道德观。科学的职业观和正确的道德观是不可能自发形成的，必须通过有目的、有计划、有组织的教育来培养。

普通教育基于其普通性，很难开展有针对性的职业观培养。职业教育则不同，它以提升学生的职业技能为目标，可以有针对性地引导学生规划自身的职业生涯，树立科学的职业观。

职业教育还承担起了帮助学生树立正确的道德观的重任，能帮助学生培养劳模精神、劳动精神、工匠精神，以及培养与人和谐相处、与社会和谐相处、与自然和谐相处的能力等。

（二）职业教育助力人实现人生价值

我国职业教育的初衷是"谋个性之发展，为个人谋生之准备，为个人服务社会之准备，为国家及世界增进生产力之准备"以及"使无业者有业，使有业者乐业"。

职业教育在普通教育的基础上，针对社会的需要，对从业者进行有关职业知识、技能和态度的职前教育和职后培训，使其成为具有高尚的职业道德、丰富的职业知识和熟练的职业技能的劳动者，从而适应从业者的个人要求和岗位的客观需要，推动生产力的发展。从职业教育的实践角度来看，职业教育可以从广义和狭义两个方面来理解。从广义上说，它泛指一切提升人们的职业技能，培养人们的职业态度，使人们能顺利从事某种职业的教育活动；从狭义上说，它是指学校职业教育，即学校对学生开展的一种有目的、有计划、有组织的教育活动，能使学生获得一定的职业知识、技能，以便学生为将来从事某种职业做准备。

职业教育的实践不断促进职业教育领域的扩展。我国的职业教育包括职业学校教育和职业培训。近年来，以大数据、AI、物联网和区块链等创新技术为引领的全球新一轮科技革命在生产、流通和生活等领域掀起变革浪潮，在改变管理模式、经济秩序、产业结构及社会运行状态的同时，也不断推动人类社会全面进入数字生产力时代。

职业教育繁荣发展有助于传播先进技术经验，培养多样化技术技能人才，促进高质量就业创业，让更多新技术在实践层面得到检验和应用，为全面迎接全球新一轮科技革命提供技术支持和人才支撑。

全球新一轮科技革命在为人们提供新机遇的同时，也向人们提出了新的要求和挑战。社会的发展使人们不再把职业仅看成解决温饱问题的手段，而是期望通过提高职业能力，充分发挥个人的才能，实现个人的人生价值。人们可以根据自己的特长、兴趣和需要自主学习，更新知识、提升专业技能，从而实现转岗、升迁，提高生活质量，最终实现个人的人生价值。

（三）职业教育满足人接受终身教育的要求

我国现在正处在改革和发展的关键时期，社会发展速度不断加快，新知识、新科技、新事物层出不穷，经济结构和产业结构持续调整。随着就业结构调整和技术技能更新速度加快，人们对职业的期望和要求发生了变化，人们越来越意识到需要接受终身教育。

职业教育不是"终结教育"，它要求人们长期学习以适应职业不断变化的要求，这在客观上促进了人们的综合素质的不断提升。它构建了跨越终身的教育与培训体系，为学习型社会提供了新的学习内容和形式。职业教育能帮助人们在一生中都保持一定的职业能力，从而促进人们实现职业理想。

👥 随堂活动

活动名称：人生"剧本杀"——我的职业发展之路。

活动目标：体验职业教育对职业生涯发展的持续赋能作用，内化终身学习理念。

剧本背景：活动参与者扮演拥有不同职业教育背景的角色（如中职毕业生、高职创业者、在职进修工程师），共同弄清"如何在数字化转型中突围"。

活动内容：围绕以下主题，展开探讨。

（1）发现公司存在数据造假现象时，选择"举报"还是"沉默"？

（2）面对新技术，通过"培训认证"还是"自学实践"提升能力？

（3）假如在40岁时遭遇职业发展瓶颈，如何通过继续学习改变现状？

活动任务：结合所学内容，设计角色成长路径，最终达成"技术突破+道德坚守"的双重结局，可以评选出"最佳逆袭角色"和"最具韧性角色"。

任务二　职业教育促进国家和社会的发展

🔀 情境导入　　　　　　　　　**小城的产业升级之路**

浙江湖州德清县作为曾经的传统制造业重镇，面临着产业升级的巨大压力。2018年，当地多家汽车零部件制造企业因缺乏掌握智能生产线运维技术的工人，导致设备闲置率高达35%，订单交付周期延长，发展陷入瓶颈。与此同时，德清县职业中等专业学校的毕业生也陷入就业困境，其掌握的传统机械加工技能无法满足企业的新需求。

面对这一矛盾，德清县教育局联合当地龙头企业——鼎力机械，与德清县职业中等专业学校共建了智能装备产业学院。鼎力机械将价值2 000万元的工业机器人生产线搬进学校，并由技术骨干担任企业导师；德清县职业中等专业学校则根据鼎力机械的需求重构课程体系，开设"智能生产线调试""工业物联网应用"等新课程。

短短两年间，智能装备产业学院便为当地输送了600余名掌握智能设备操作、故障诊断等核心技能的技术人才。这些技术人才入职鼎力机械后，鼎力机械的设备故障率下降了40%，生产效率提升了60%，鼎力机械成功获得大众集团的长期订单。更令人振奋的是，通过"工学交替"培养模式，智能装备产业学院成功帮助200余名在职员工完成技能转型，使他们从传统机械操作工成长为智能生产线技术骨干。如今，德清县不仅成功实现制造业智能化转型，还吸引了20多家高新技术企业落户，形成了年产值超百亿元的智能装备产业集群。

【思考题】

1. 德清县职业中等专业学校通过什么措施为地方产业升级提供人才支撑和技术保障？

2. 如何理解职业教育对国家和社会发展的重要推动作用？

在当今时代，职业教育在国家发展战略中的地位愈发重要。随着科技的飞速进步和产业的深刻变革，职业教育作为培养高素质技能人才的关键途径，正为强国建设源源不断地输送着重要力量，推动着国家向更高水平迈进。

一、现代技能人才的培养离不开职业教育

技能是运用知识和经验执行一定活动的能力，或者通过学习而习得的体能和能力。技能有时表现为一种操作活动方式，有时表现为一种智力活动方式。

在有关技能的主流认识和界定中，技能被分为操作技能和心智技能两种类型。操作技能又被称为动作技能、运动技能，是一系列的外部动作以合理的程序组成的操作活动方式，通常具有一定的速度、灵巧性、精确性和流畅性。心智技能也称为智力技能，是认知活动中形成的一系列借助内部语言在头脑中以合理程序组成的智力活动方式，阅读技能、写作技能、运算技能、解题技能等都是常见的心智技能。

人类开展各种实践活动均需要具备一定的操作技能和心智技能，技能可以说无处不在、无人不有。例如，电工具有维修技能，保洁员具有清洁技能，管理人员具有管理技能，程序员具有编程技能，钢琴家具有演奏技能，厨师具有烹饪技能，等等。

搜一搜：《国家职业资格目录（2021年版）》包含的专业技术人员职业资格和技能人员职业资格有哪些？

在传统社会，技能传授和技能人才培养主要依靠艺徒制。在师徒朝夕相处的情境下，徒弟可以通过不断地模仿和学习来获得师傅的技能、手艺、经验。然而，这种培养方式的效率非常低。由于缺乏系统的教学方法和理论知识框架，艺徒制只能适应生产力水平低下的社会阶段的需求。可以说，艺徒制是一种"自由"或"自主"的职业教育，它虽然具有职业教育的某些特点，但并不能被视为真正的职业教育。

进入现代社会，职业教育广泛普及，技能人才培养的场域逐渐从零零散散的手工作坊集中于政府和行业主导的职业院校。现代社会的职业教育成为由政府和行业等主体有组织、有计划、有目的地实施的培养技能人才的教育活动。

在现代社会，技术的科学属性进一步增强，社会对高技能人才的需求增加。新技术条件下的生产环境对工人的心智技能要求更高，只懂得生产操作而不了解技术原理的传统工人已不能适应当今的生产要求。

高技能不仅意味着高超的技艺和操作水平，在新技术条件下，其内涵更突出理论知识在技术应用过程中的重要性。职业教育能充分发挥自身的优势，通过理实一体化教学模式，培养高技能人才。

拓展链接

"粤菜师傅"工程

二、职业教育为强国建设提供有力的人才和技能支撑

职业教育作为与经济发展结合最为紧密的教育类型，两者之间存在内生的互动机制。经济高质量发展需要职业教育的强力支撑，而职业教育高质量发展也离不开良好的经济发展环境。

（一）驱动区域经济高质量发展

职业教育作为与产业发展联系最为紧密的教育类型，在驱动区域经济高质量发展方面扮演着关键角色。通过精准对接区域产业需求、优化人才供给结构等方式，职业教育能够将人才红利转化为经济发展动力，实现教育链、人才链与产业链、创新链的有机衔接，为区域经济注入可持续发展动能。

1. 精准对接区域产业需求，优化人才供给结构

职业院校依据区域产业规划动态调整专业布局。例如，在以装备制造业为主导的东北老工业基地，职业院校重点发展数控、工业机器人技术等专业；在长三角地区，职业院校依托数字经济优势，增设大数据采集与管理、云计算技术等专业。

以安徽省为例，在"十四五"期间，大力发展新能源汽车、AI、先进光伏和新型储能等新兴产业，有效提升了技能人才对产业创新发展的支撑能力。

2．定制化人才培养模式，服务本土企业发展

职业院校通过校企合作开展订单式培养，为区域企业定向输送技能人才。例如，山东某职业院校与当地农业龙头企业合作开设"智慧农业订单班"，学生毕业后可直接进入企业，从事智能灌溉系统运维、农产品溯源技术应用等工作。此外，企业导师进课堂、学生驻厂实习等培养模式，有效缩短了人才成长周期，降低了企业用工成本。

3．深化产教融合，激活区域经济发展动能

职业院校与行业龙头企业共建产业学院，实现资源优化共享。以安徽某职业院校为例，该校与比亚迪合作共建新能源汽车产业学院，双方共同开发智能网联汽车专业相关课程、建设高标准实训基地，并将企业实际技术难题转化为学生毕业设计课题，使研究成果直接应用于生产一线。

4．培育创新创业生态，激发区域经济新增长点

职业院校依托专业优势建设创新创业孵化平台，培育小微企业。例如，四川某职业院校基于农业专业特色创建"乡村振兴创客空间"，学生依托"乡村振兴创客空间"研发农产品电商平台和特色农产品深加工技术，成功实现成果转化，有效带动当地就业创业，为区域经济发展注入新的活力。

职业教育通过综合培养学生的专业技能、职业道德和职业素养，将学科设置、教育模式和培养目标与社会需求紧密结合，从而有效推动社会经济发展。

地方教育行政部门立足区域产业发展规划，通过专业备案、绩效评估和资金调配等机制，引导职业院校优化办学资源配置，实现专业设置与区域产业结构的精准对接。各级各类职业院校通过组建专业建设指导委员会、引入企业导师参与人才培养、定期开展企业走访调研等方式，及时掌握企业用人需求，大幅缩短人才供给周期。

（二）助力传统产业转型升级

在科技革命与产业变革纵深推进的时代背景下，传统产业转型升级已成为推动经济高质量发展、提升国际竞争力的关键路径。职业教育充分彰显"产教融合、工学结合"的办学特色，紧密围绕新质生产力发展需求，精准对接传统产业技术升级需要，通过创新人才培养模式、提升技术服务能力、推动业态模式革新，为传统产业转型升级注入新动能，有力促进传统产业向智能化、绿色化、服务化方向转型发展，在国家现代化建设和社会可持续发展进程中发挥着重要的作用。

1．精准对接产业需求，创新人才培养模式

职业院校聚焦传统产业智能化转型需求，系统重构人才培养体系。例如，针对机械制

造业，开设"数控设备智能化改造""工业机器人系统集成与调试"等特色课程，着力培养兼具传统制造工艺与智能制造技术的复合型技术技能人才；针对纺织服装产业升级需求，将3D虚拟样衣设计、智能纺织材料研发等前沿技术融入专业课程体系，显著提升产品创新设计与智能制造水平。此外，职业院校通过深化校企合作订单培养、现代学徒制等协同育人机制，实现人才培养规格与产业需求的高度契合。

2．构建分层分类人才培养体系

职业院校构建"基础技能型—技术创新型"人才培养体系：中职学校重点培养传统产业基础操作岗位人才，如精密数控操作员、化工工艺员，确保生产流程的稳定执行；高职院校聚焦高端技术应用岗位，如智能设备运维工程师、自动化产线调试师，培养复杂系统运维与现场技术优化的核心力量；职业本科院校则面向技术集成与创新管理岗位，如工业自动化系统集成工程师、智能工厂规划师，承担技术方案设计、系统集成及跨领域协同升级任务，为产业智能化转型提供高层次技术支撑。

3．终身职业培训助力在岗人员转型

企业与职业院校针对传统产业在岗员工实施"技能更新工程"。例如，煤炭企业联合职业院校开展"智能化开采技术培训"，帮助矿工掌握智能采掘设备操作与远程监控技术；钢铁企业联合职业院校开展"绿色冶炼工艺提升培训"，使技术工人适应低碳化生产要求，缓解产业升级中的人才断层问题。

4．深化产教融合，共建技术研发平台

职业院校与传统产业龙头企业联合共建技术研发平台，协同攻克产业升级关键技术瓶颈。例如，某职业院校与陶瓷制造企业共建"陶瓷智能制造协同创新中心"，其研发的陶瓷3D打印成型技术使产品定制周期缩短60%，材料损耗减少40%；与建材集团合作开发的工业固废资源化利用技术，成功将建筑垃圾转化为新型绿色建材，资源综合利用率提升35%。

5．推进数字化转型与智能制造升级

职业院校依托校企深度合作，将物联网、大数据等数字技术深度融入传统产业转型进程。例如，某职业院校为食品加工龙头企业开发的智能生产管理系统，实现了对食品加工全流程的实时监控与食品质量的精准追溯；为家具制造企业量身定制的数字化车间整体解决方案，使生产效率提升25%，产品合格率提高至98.6%，有力推动了传统制造业的智能化升级。

6．培育产业新业态与创新模式

职业教育通过跨学科专业融合，促进传统产业与数字经济新业态有机结合。例如，某职业院校在旅游服务与管理专业中开设"智慧文旅"课程，培养熟悉VR全景导览系统、智慧景区运营系统的复合型人才；在现代农业技术专业中增设"农产品电商运营""区块

链溯源技术"等教学内容，构建"互联网+现代农业"人才培养体系，助推农业产业数字化转型。

职业院校积极推进非物质文化遗产与现代产业需求深度融合，实现传统工艺的创造性转化和创新性发展。例如，苏州工艺美术职业技术学院开设有关苏绣现代设计的专业，将传统刺绣技艺与现代时尚设计、智能制造技术有机结合，成功开发高端定制产品系列；云南农业职业技术学院系统整合普洱茶传统制作工艺与现代品牌营销模式，有效推动传统茶产业向品牌化、高端化转型升级。

2024年世界职业技术教育发展大会发布的《中国职业教育发展报告》显示，我国高等职业教育专业布局持续优化：2023年，面向新一代信息技术产业、高端装备制造产业、新材料产业、生物产业等战略性新兴产业领域新增专业布点1 266个，同比增长8.24%，培养相关专业毕业生105万余人；2024年，进一步加大专业结构调整力度，全年新增专业点6 068个、撤并专业点5 052个，专业调整幅度达17%。

职业教育深度对接区域产业发展需求，重点面向中小微企业实际生产经营需要，通过校企协同创新机制，推动校企在技术服务、工艺改进、产品升级等方面开展深度合作，加速技术成果产业化应用。统计数据显示，2023年，全国职业院校聚焦新能源汽车、智能制造、新材料等重点领域，累计承接国家级科研项目2 700余项，同比增长7.52%；通过校企共建技术服务平台等方式为企业提供技术服务；转让专利成果7 000余个，涉及金额超5.4亿元。

（三）高技能人才输送的强大引擎

在建设制造强国、科技强国的战略进程中，高技能人才已成为推动产业创新升级、实现经济高质量发展的核心要素。职业教育凭借其类型教育定位、系统化培养体系和紧密联结产业的优势，构建起从基础技能培养到高端技术创新的全链条人才培养体系，成为高技能人才输送的强大引擎，为国家开展现代化建设持续输送高素质技术技能人才队伍。

（1）从人才培养规模来看，职业教育取得显著成效。在制造业领域，职业院校毕业生已成为产业一线的中坚力量。以汽车制造业为例，行业数据显示，一线技术工人中，职业院校毕业生的占比近70%，他们精通自动化产线运维、精密零部件加工等先进技术，有力保障了汽车制造的质量与效率。同时，职业教育积极布局战略性新兴产业，在AI领域已建立起完善的人才培养体系，每年培养数据标注、算法应用等方面的专业技术人才达数十万人，为产业创新发展奠定了人才基础。

（2）在人才培养体系构建方面，职业教育已建立起完善的纵向贯通机制。当前，我国形成了中等职业教育、高等职业教育和职业本科教育有机衔接的现代职业教育体系。

具体而言，中等职业教育通过实施职教高考制度、中高职贯通培养项目等多种渠道，为毕业生创造了广阔的升学空间。以部分教育发达省份为例，中职毕业生中升入高职院校的比例十分高，同时升入职业本科院校的人数也保持稳定增长态势。畅通的升学通道不仅拓宽了技术技能人才的成长路径，更为培养高层次技术技能人才提供了制度保障。

（3）产教融合与校企合作的深入推进，显著提升了职业教育人才培养的针对性和适应性。在人才培养过程中，企业深度参与从专业设置、课程开发到实训基地建设的全过程，将产业最新技术标准和岗位要求融入教学各环节。调研结果表明，通过校企合作订单班培养的毕业生，入职合作企业的比例很高，其岗位适应周期较常规培养模式下的毕业生更短，一般仅需3个月即可达到岗位要求。这种培养模式不仅显著提升了企业的人力资源使用效率，同时有效保障了毕业生的就业质量。

（4）在技能培训与终身教育体系建设方面，职业教育发挥着不可替代的重要作用。统计数据显示，自2019年开展职业技能提升行动以来，全国已累计开展政府补贴性职业技能培训逾1.2亿人次，通过中国特色企业新型学徒制培养的技术技能人才达225万人。

拓展链接

高职毕业生掌舵万吨航母

以电力行业为例，职业院校与电力企业深度合作，面向在岗员工系统开展智能电网运维管理、新能源发电等专项培训项目。这种校企协同的培训模式，不仅能帮助一线技术工人及时掌握行业前沿技术，更有效支撑了企业技术创新和产业升级。通过建立常态化、系统化的员工技能提升机制，职业教育为行业可持续发展提供了有力的人才保障和智力支持。

三、促进职业教育高质量发展是建设技能型社会的必由之路

改革开放以来，我国劳动者的素质显著提升，但部分劳动者的技能水平与产业发展需求不匹配的问题仍存在。随着产业转型升级加速，劳动力技能结构与产业需求之间的结构性矛盾日益突出。数据显示，2024年，我国劳动年龄人口约8.58亿人。建设技能型社会将有效缓解就业结构性矛盾，提升生产率，推动产业高质量发展。

2021年4月，全国职业教育大会首次提出建设技能型社会的战略构想。同年6月，人力资源和社会保障部印发《"技能中国行动"实施方案》。同年10月，中共中央办公厅、国务院办公厅印发《关于推动现代职业教育高质量发展的意见》，提出"到2025年技能型社会建设全面推进、到2035年技能型社会基本建成"的战略部署，为建设技能型社会这项系统工程制定了明确的时间表和路线图。

（一）为建设技能型社会赋能

职业教育作为我国教育体系中重要的类型教育，其发展成效已得到权威数据的验证。教育部2024年的统计数据显示，我国已建成世界规模最大的职业教育体系。这一人才培养规模充分体现了职业教育在技能型社会建设中的基础性作用。

从质量维度来看，职业教育的人才培养质量显著提升。2023年高等职业院校毕业生的就业率超过90%，其中在先进制造业、现代服务业等重点领域就业的超过一半。特别是在战略性新兴产业领域，职业院校毕业生已成为服务产业一线的重要力量。

在产教融合方面，统计数据显示，截至2024年6月，全国已培育建设产教融合型企业5 800余家，建成市域产教联合体156个，行业产教融合共同体28个。这些平台的建设有效促进了教育链、人才链与产业链、创新链的有机衔接。据抽样调查结果，参与深度产教融合项目的学生，其岗位适应能力和技术创新能力较普通培养模式下的学生提升40%以上。

在技能培训方面，2019—2024年，全国累计开展补贴性职业技能培训超过1亿人次，通过中国特色企业新型学徒制培养的技术技能人才达200多万人。以电力行业为例，职业院校通过开展智能电网技术培训，使参与培训的员工的技术达标率提升至92%，培训效益转化率达到85%。

这些数据充分证明，职业教育正在通过规模化、高质量的技术技能人才培养，有效支撑我国产业转型升级和经济社会高质量发展。未来，随着《关于深化现代职业教育体系建设改革的意见》的深入实施，职业教育在技能型社会建设中的战略地位将进一步提升。

（二）为建设技能型社会聚力

技能型社会的建设成效取决于教育供给与市场需求能否实现精准、可持续的匹配。实现这种匹配需要借助多元化的职业教育体系，该体系包括职业院校，面向社会人员的社区学院、开放大学等继续教育机构，以及基于新媒体的职业技能培训平台等多样化教育供给主体。

当前，在新一轮科技革命和产业变革中，产业结构升级对技术技能人才提出了更高要求。在这一形势下，加快发展现代职业教育已成为解决技术技能人才短缺问题的关键举措。

随着社会认知的转变，职业教育正逐步发展为广受认可的教育选择。这种转变体现在：职业教育的社会认可度显著提升，越来越多的人主动选择职业教育；产教深度融合，企业参与职业教育的积极性持续提高；职业教育的人才培养质量不断提升，职业院校毕业生就业竞争力增强。

面向2035年基本建成技能型社会的目标，职业教育将通过完善现代职业教育体系，深化产教融合机制，提升人才培养质量，拓展终身学习渠道等方式，持续优化教育供给结构，最终实现教育供需的动态平衡，为技能型社会建设提供有力支撑。

（三）为建设技能型社会汇智

新中国成立初期，为快速填补劳动力缺口、支撑经济恢复发展，中等职业教育以其培养周期短、见效快、实用性强等特点迅速发展，为新中国工业体系建设输送了大批产业工人。这一时期的职业教育在发展中呈现出明显的"短平快"特征，重点培养初级技术工人。

改革开放后，我国职业教育体系实现质的飞跃。高等职业教育因其职业性与学术性相融合的特点，逐步发展成为高等教育体系的重要支柱。数据显示，高等职业院校数量从1978年的不足100所增长至2023年的1 518所，在校生规模突破1 600万人。这种发展态势不仅加快了高等教育大众化的进程，更显著提升了全民的职业素质。

如今，职业教育迎来重大变革：中考分流政策与"双减"政策协同实施，引导教育需求合理分流；职教高考制度建立，搭建技术技能人才成长"立交桥"成为共识；职业本科教育稳步发展，《关于推动现代职业教育高质量发展的意见》明确其招生规模占比不低于高等职业教育招生规模的10%。

当前，我国已构建起职业教育与普通教育并重发展的"双轨制"现代教育体系。随着技能型社会建设的持续推进，职业教育资源配置不断优化，办学效益显著提升，"人人皆可成才、人人尽展其才"的良性发展格局已逐步形成。

当前，我国职业教育体系持续完善升级，人才培养层次实现历史性突破，数据显示，职业本科教育规模快速扩张。在全球经济格局深刻调整和科技产业变革加速的背景下，职业教育通过系统培养规模庞大、结构合理的高技能人才队伍，有效促进了先进技术向现实生产力转化。据统计，我国高技能人才总量已突破6 000万人，在AI、新能源等战略性新兴产业领域形成显著人才优势。这不仅为我国掌握关键领域技术主导权提供了人才保障，更显著增强了我国在国际竞争中的话语权和影响力，这也充分印证了职业教育在国家现代化建设和国际竞争中的战略价值。

拓展链接

职业教育多层面赋能建设技能型社会

👥 随堂活动

一、活动组织安排

分组合作：4～6人一组，明确分工（如资料收集、数据分析、汇报展示等）。

时间安排：活动周期为一周，包含调研与分析，创意设计，展示、互动与总结阶段。

成果制作：以"职业选择与社会需求的联系"为主题，完成一份图文报告或制作一个短视频（时长为3～5分钟）。

核心目标：通过案例分析，理解职业教育如何解决社会问题，并体现个人的职业选择对社会发展的意义。

二、活动开展过程

阶段一：调研与分析

聚焦社会问题：每组选择一个社会热点问题（如人口老龄化、绿色能源利用、乡村振兴、AI应用等）。

职业需求匹配：调研问题对应领域需要哪些职业技术人才（如老年护理师、光伏工程师、农业技术员、AI训练师等）；通过新闻、招聘网站、政府工作报告等渠道收集数据，整理相关职业的技能要求和技能培养路径。

案例挖掘：查找一个通过职业教育解决该问题的成功案例（例如德国"双元制"培养工业技工，推动制造业升级）。

阶段二：创意设计

设计方案：假设自己是职业教育规划师，提出一套职业技能培训方案，方案需包含课程设计原则（如理论与实践结合）、校企合作模式、政策支持建议；用流程图或思维导图展示职业教育如何从"培养人才"到"推动社会进步"。

阶段三：展示、互动与总结

小组展示：每组汇报5分钟，重点说明社会问题与职业需求的关联性、职业技能培训方案的创新点。

互动问答：一组汇报完毕后，其他小组可提问或补充。

三、活动小结

通过参与活动，认识到职业不仅是个人谋生的手段，更是保障社会运转的"螺丝钉"；理解职业教育通过精准培养技术人才，填补社会人才需求缺口、推动国家产业升级。

任务三　让技能人才享有地位和荣光

情境导入

从普通工人到"大国工匠"

"普通钳工出身的我，从未想到会有今天如此成就。我只是尽我所能做好车间里的每一件事情"，郑志明感慨道。回望当初，他比想象中走得更远。2022年"大国工匠年度人物"发布，广西汽车集团有限公司的首席技能专家郑志明列于其中，成为广西首位"大国工匠"。

1977年，郑志明出生于一个普通工人家庭，与其他男孩一样，年幼的郑志明一直渴望拥有属于自己的玩具。由于生活拮据，他总会试着使用废旧零件制作电动小船和火柴枪。在各种拆拆装装的"折腾"中，他逐渐被手工的魅力所吸引。1997年，从高职毕业的郑志明进入工厂成为一名钳工，初出茅庐的他定下的首个目标，便是成为一名高级技师，但这并非易事。为此，他几乎每天都把自己"泡"在钳台前，跟着师傅日复一日地进行技术练习。"锉削最难的就是钳工对于锉刀的把握，越到后面，锉削的难度就越高，误差范围仅有几根头发丝大小"，郑志明说道。钳台前，伴随着他的每一次锉削，精度测量表的指针也在不断跳动，最终分毫不差地停留在标准数值。

随着技能水平的突飞猛进，郑志明也将目光放在整个生产车间。他发现，由于中国汽车工业起步较晚，生产车间内的不少设备老旧或依赖进口，他便有了自主改进和研发生产设备的想法。2007年，公司生产的一批汽车后桥在整车总装时出现噪声过大的问题，公司为此聘请外企工程师前来检修。郑志明与外企工程师反复排查后，最终发现问题出现在减速器上，但仍无法彻底解决噪声过大的问题。郑志明干脆亲自"上阵"，带领工友们自主研发。经过上千次的模拟试验，他们成功研发出减速器噪声检测设备，将噪声发生率从3%降至0.007%以下。"常人会以为，一个钳工做好本职工作就行了，设备研发的事情应该交给专家或生产商。但我们觉得，与生产有关的事也是我们工人自己的事，'吃饭'的工具不好使，就要集思广益去改进"，郑志明坚定地说道。

如今，郑志明已成为广西汽车集团首席技能专家和国家级技能大师工作室负责人，经他和团队改进和研发的生产设备不计其数，其中集成机器人自动焊接、液压自动整型、检测和矫正等多工艺复合型自动机器人后桥壳焊接生产线，更是填补了中国的技术空白。

【思考题】

1. 在职业发展中，满足于"做好本职工作"与主动寻求突破之间如何平衡？
2. 当现有技术或设备存在不足时，普通工人是否应该参与改进？为什么？

2021年10月，人力资源和社会保障部印发《关于职业院校毕业生参加事业单位公开招聘有关问题的通知》，明确要求事业单位公开招聘时"不得将毕业院校、国（境）外学习经历、学习方式作为限制性条件，切实维护、保障职业院校毕业生参加事业单位公开招聘的合法权益和平等竞争机会"。这一政策为促进职业教育高质量发展和技能人才队伍建设提供了制度保障，释放出明确的政策导向信号。

"一技之长，立业之本"已成为新时代人才培养的重要理念。现代职业院校通过系统化的技能培养体系，帮助学生掌握多种专业技能，为其职业发展奠定坚实基础。实践表明，接受职业教育的学生不仅能够实现高质量就业，更能在各自的领域绽放光彩。要让技能人才享有地位和荣光，需要构建多方协同的支持体系：首先，完善政策保障机制，破除人才评价中的学历歧视；其次，推动社会观念转变，营造尊重技能、崇尚工匠精神的文化氛围；再次，深化职业教育改革，建立纵向贯通、横向融通的现代职业教育体系；最后，引导企业建立技能导向的人才使用和激励机制。这些系统性举措将助力营造有利于技能人才成长发展的良好生态。

一、技能人才的作用和特征

（一）技能人才的作用

"吾善度材，视栋宇之制，高深圆方短长之宜，吾指使而群工役焉。舍我，众莫能就一宇。"柳宗元在《梓人传》中记载的匠人的这段自述，生动地诠释了技能人才的价值所在。其大意是："我善于估算材料，能根据房屋的规模，选用高矮、圆方、短长适当的材料，然后指挥工匠们干活。离开了我，大家就不能建成一栋房子。"这段文字精辟地展现了技能人才在工程建设中的关键作用。在当代语境下，这一论述仍然具有深刻的启示意义。它印证了技能人才在经济社会发展中的不可替代性，也为当前推进技能型社会建设提供了历史参照。职业教育要培养的，正是这种既掌握精湛技艺，又具备统筹能力的技能人才。

党的二十大报告指出"科技是第一生产力、人才是第一资源、创新是第一动力"，这一重要论述为新时代推进职业教育高质量发展提供了根本遵循。当前，我国正处于全面建设社会主义现代化国家的关键时期，面对全球科技革命和产业变革加速推进，必须充分发挥职业教育在培养高素质技术技能人才方面的独特优势。职业教育作为与经济社会发展联系最紧密的教育类型，通过深化产教融合、校企合作，构建了涵盖技术技能培养、创新能力提升的完整育人体系。我们要以建设现代职业教育体系为抓手，坚持类型教育定位，完善"中职—高职—职业本科"纵向贯通的培养通道，推动形成教育与产业统筹融合、良性互动的发展格局；通过创新人才培养模式、优化专业设置、强化实践教学，持续提升职业教育的适应性，培养更多大国工匠、能工巧匠，为加快建设制造强国、质量强国提供有力的人才支撑，在全面建设社会主义现代化国家的新征程中展现职业教育的担当作为。

当前，制造业是国民经济的主体，是科技创新的主战场，是立国之本、兴国之器、强国之基，而技能人才是支撑中国制造、中国创造的重要力量，是加快培育发展新质生产力、推动经济高质量发展的生力军。

我们所说的技能人才是指在生产制造、服务运营、工程管理等行业一线从事实际操作工作的高素质劳动者。从技术实现的角度看，技能是技术的"人格化"载体。技能人才的作用体现在3个方面：其一，作为技术落地的关键执行者，能够将技术方案转化为实际产品；其二，作为工艺创新的重要推动者，能在生产实践中持续优化工艺流程；其三，作为技术传承的中坚力量，能通过言传身教培养新一代技能人才。

现代职业教育体系培养的技能人才具有"三位一体"的能力结构：扎实的专业理论基础、出众的技术应用能力以及较强的问题解决能力。这种复合型能力特征使其成为支撑产业转型升级的核心力量。随着智能制造等新技术的发展，当代技能人才正从传统操作者向"精工艺、善操作、能创新"的技术专家转型，在提升产业链的价值创造能力方面发挥着不可替代的关键作用。

（二）技能人才的特征

1．职业素养较高

技能人才展现出较高的职业素养，他们不仅具备高度的职业认同感和使命感，能深刻认识到自身工作在推动社会经济发展中的重要作用，更能将这种认知转化为严谨细致、精益求精的工作态度。这类人才在职业道德方面表现出色，能够自觉遵守行业规范和操作标准，将质量意识内化为职业行为的核心准则。同时，他们拥有卓越的跨岗位沟通协调能力、较强的协作配合意识以及共享共赢精神，这些特质使其能够完美融入现代产业体系，在团队协作中发挥关键作用。随着产业升级和技术进步，技能人才的职业素养的内涵不断丰富和发展，技能人才成为支撑制造业高质量发展的核心软实力，也是实现中国制造向中国创造转变的重要保障。

2．技能水平突出

技能人才的核心竞争力体现在其卓越的专业能力上。具体而言，他们建立了系统完善的专业知识框架，该框架既包括丰富的理论，又涵盖前沿的技术认知；经过长期实践，他们掌握了精湛的操作技艺，具备较强的动手能力，能够在复杂的工作场景中快速发现并精准解决问题；最重要的是，他们具备持续学习的能力，能通过自主学习和实践积累，不断更新知识储备、提升技能水平，始终保持与产业发展同步。这种"知识、技能、发展"三位一体的能力结构，使技能人才能够有效适应技术创新和产业升级带来的挑战，为经济社会发展提供有力的支撑。

3．实践能力较强

技能人才能够将所学的理论与实践相结合，通过实践不断检验和完善自己的技能。他们具备较强的动手能力和实际操作能力，能够独立完成工作任务。在实践中，他们还能不断发现问题、解决问题，并通过复盘来总结经验教训，实现实践能力的提升。

4．创新能力较强

技能人才能够在工作中提出新的思路和方法，推动技术改进和革新。这种创新能力不仅体现在其对新技术、新工艺的探索和应用上，还体现在其对传统技能的优化和升级上。

在全球科技资源加速流动和"一带一路"倡议走深走实的背景下，技能人才培养正面临新的机遇与挑战。为适应国际产能合作与全球人力资源开发需求，我国必须着力培养兼具国际竞争力与民族特色的新型技能人才。这类人才应当具备与国际接轨的专业知识体系，熟悉全球行业技术标准和发展趋势；同时需要具备全球视野，能够理解不同文化背景下的工作方式与商业规则；更重要的是，能将锐意创新的开拓精神与精益求精的工匠精神有机融合，形成独特的职业竞争力。他们不仅能够满足高质量共建"一带一路"对高素质技术技能人才的需求，更能推动中国制造标准和技术规范走向世界，在全球化竞争中彰显中国工匠的卓越品质，为建设开放型世界经济注入新动能。

二、制定并落实技能人才奖励制度

建设技能型社会是实现我国经济社会高质量发展的战略选择，而高质量技能人才供给既是构建技能型社会的核心要义，也是衡量其建设成效的关键指标。当前，我国正处于从制造大国向制造强国转型的关键阶段，对技能人才的数量和质量都提出了更高要求。根据《"技能中国行动"实施方案》确立的目标任务，"十四五"期间，新增技能人才4 000万人以上，技能人才占就业人员的比例达到30%，东部省份高技能人才占技能人才比例达到35%，中西部省份高技能人才占技能人才比例在现有基础上提升2～3个百分点。为完成这一目标任务，国家已陆续出台《关于推动现代职业教育高质量发展的意见》《"十四五"职业技能培训规划》等系列政策文件，通过完善培养体系、健全评价机制、强化激励保障等措施，全方位推动技能人才队伍建设，为技能型社会建设提供有力的人才支撑。

（一）有一技之长者有一席之地

1. 等级晋升渠道更加畅通

过去，由于技能等级设置不健全，技能人才在职业晋升上存在"天花板"问题。要想推动更多技能人才"量质齐增"，必须进一步打破学历、资历、年龄等条件限制。对于技能高超、业绩突出的一线职工，可直接认定高级工以上职业技能等级；对于解决重大工艺技术难题和重大质量问题等的人才，可破格晋升，切实让技高者"位高""进阶"。此外，应打通认定体系"梗阻"，完善技能人才职业资格、职业技能等级与相应职称、学历的双向比照认定制度，推进各类学历教育学习成果、职业技能等级学分互换互认，让更多技能人才脱颖而出。

我国正在为技能人才探索建立"新八级工"职业技能等级制度。2022年，人力资源和社会保障部出台《关于健全完善新时代技能人才职业技能等级制度的意见（试行）》，这一制度在原有"五级工"的基础上，向下增设学徒工，向上拓展特级技师和首席技师职务（岗位），建立"新八级工"职业技能等级制度。实现了技能人才职业发展通道的纵向延伸。其中，特级技师和首席技师岗位的设置，使技能人才在待遇和发展空间方面可与企业管理层比肩，实现了"技高者得高位"。"五级工"变"八级工"，打破了技能人才晋升"天花板"。同时，《关于加强新时代高技能人才队伍建设的意见》指出"支持各地面向符合条件的技能人才招聘事业单位工作人员，重视从技能人才中培养选拔党政干部"，这也大大拓宽了技能人才进入事业单位发展的道路。

"八级工拜师傅——精益求精。"这个歇后语夸赞的是精益求精的工匠精神。从鲁班到"八级工"，中华民族一直都不缺少具有工匠精神的人。电视剧《人世间》中的周志刚是一名备受尊敬的"八级工"。在那个时代，没有白领、蓝领的说法，很多技术工人以成为"八级工"为人生目标，不少人凭借过硬的技术赢得了尊重。"八级工"强调技能人才对单台设备的操作能力，随着制造业的自动化、数字化、智能化水平不断提高，以及技能人才的文化水平普遍提升，"新八级工"对技能人才的综合能力要求更高。"新八级工"是为适应高质量发展需要而重构的职业技能等级制度。该制度不仅打破了技能人才成长的"天花板"，还优化了技能人才的成长环境。

2. 职业发展空间更广阔

随着技能人才的薪资待遇和社会地位显著提高，蓝领与白领的差距逐渐缩小。纵观以往，我国针对蓝领和白领采用两套不同的职业能力评价体系，二者互不相通，这导致技能人才的职业发展空间有限，使他们容易触及职业"天花板"，部分技能人才甚至感到"前途有限、前景暗淡"。

2020年，人力资源和社会保障部印发《关于进一步加强高技能人才与专业技术人才职业发展贯通的实施意见》，标志着我国人才发展体制机制改革取得重要突破。该政策系统构建了技术技能人才融合发展新格局。这一改革举措有效打破了长期以来制约技术技能人才发展的制度壁垒，为培养复合型技术技能人才提供了制度保障。数据显示，该政策实施以来，全国已有超过15万名高技能人才获得专业技术职称，技能人才的职业发展空间显著拓展，这为制造强国建设提供了有力的人才支撑。

3. 案例分享：工人技师带教博士生

赵增权，任职于中国石油集团渤海钻探工程有限公司，跟油井打了30多年交道，2022年被评为公司首席技师。找他拜师的王方祥不仅是博士生，还是公司工具研发室主任。工人技师带教博士生这件事在修井队里炸开了锅。赵增权所在的公司认真落实"新八级工"职业技能等级制度，鼓励研发人员找"技能导师"，技能高、贡献大的工人就有资格带教博士生。

过去30多年，工人论技能等级只有初级工、中级工、高级工、技师和高级技师"五级工"，干到高级技师就是"顶天了"。对他们而言，职业"天花板"低，待遇难以提升，培训机会少，在创新方面的发言权也不大。

工人们的急和盼，就是改革的着眼点、发力点。人力资源和社会保障部试点推行"新八级工"职业技能等级制度改革，在高级技师之上增设特级技师、首席技师，在初级工之下增设学徒工。赵增权经过层层选拔，成功评上"首席技师"，其技能等级与职业发展挂钩，既给面子，又给里子。赵增权的月津贴增加6 000元，待遇向公司高管看齐。

（二）技高一筹者能薪高一档

1. 薪酬激励体系更加健全

水不激不跃，人不激不奋。完善的薪酬激励体系，是推动高技能人才创新创造的动力。2021年，人力资源和社会保障部办公厅印发《技能人才薪酬分配指引》，进一步完善技能要素参与分配制度，健全基于岗位价值、能力素质和业绩贡献的高技能人才薪酬分配制度，让技高一筹者薪高一筹、奖多一份。

伴随着我国城镇化水平不断提高，很多城市都进一步明确了人才引进和落户标准，提升了高技能人才的职业幸福感。2022年，中共中央办公厅、国务院办公厅印发的《关于加强新时代高技能人才队伍建设的意见》明确指出："支持各地将高技能人才纳入城市直接落户范围，高技能人才的配偶、子女按有关规定享受公共就业、教育、住房等保障服务。"这表明高技能人才应该作为人才引进和落户范围内的一类重要群体，各个地方应为其提供政策保障。比如，2021年，上海浦东实施浦东工匠、职工科技创新英才等选树创评"830"计划，除了给予高技能人才资金奖励，还允许高技能人才零门槛落户，增强了高技能人才的幸福感。

2. 案例分享：凭"捏脚"绝活落户杭州并获125万元购房补贴

2005年，刚20岁出头的赵展展从中等专业学校毕业，学习中西医结合专业的他未能如愿留在老家河南的医院工作。

"不如来浙江做推拿理疗工作吧！"在浙江从事推拿理疗工作的师哥热情邀请赵展展，"这里的就业机会多，工资和福利待遇也不错。"

赵展展有些心动，也有些纠结：不少人对推拿理疗工作还是存在偏见的，我上了这么多年学，难道要去给人按摩、洗脚吗？

最终，赵展展还是选择去了浙江。一开始，赵展展只能从学徒做起，他的工资甚至养活不了自己。于是，他一边从事推拿理疗工作，一边学习足疗的手艺。"当时足疗市场发展得不错，我想要多学一门手艺，好在杭州扎根。"他白天学、晚上练，手上磨出了老茧。

在师傅的教导下，赵展展通过实践积累了不少经验，也彻底接受了这份工作。2006年，他一个月的工资已经有2 800元左右了。"从事服务业，凭手艺挣钱没什么丢人的"，赵展展说。

2015年4月，赵展展参加了第二届全国足部按摩师职业技能竞赛，在参赛选手中脱颖而出，获得第三名，并荣获"全国十佳足部按摩师"称号。同年11月，他考取了国家职业技能鉴定足部按摩师考评员。2017年3月，赵展展收获人力资源和社会保障部授予的"全国技术能手"荣誉称号。

随后，他凭借"全国技术能手"荣誉称号，获评杭州市高层次C类人才，拿到了125万元的购房补贴。

"成家有了孩子以后，我一直很想在杭州有一套属于自己的房子，直到现在，才算在杭州落地生根了。"2020年，赵展展跟妻子在良渚买下一套占地89平方米的房子，实现了在杭州安家的梦。

工作没有高低贵贱之分，只要认真对待，就一定有所收获。

（三）把"C"位留给大国工匠

1. 加大精神激励力度，弘扬劳动光荣、技能宝贵、创造伟大的时代风尚

在对高技能人才进行精神激励方面，相关文件也做了很多助力。比如，《关于加强新时代高技能人才队伍建设的意见》指出："建立以国家表彰为引领、行业企业奖励为主体、社会奖励为补充的高技能人才表彰奖励体系。完善评选表彰中华技能大奖获得者和全国技术能手制度。国家级荣誉适当向高技能人才倾斜。加大高技能人才在全国劳动模范和先进工作者、国家科学技术奖等相关表彰中的评选力度，积极推荐高技能人才享受政府特殊津贴，对符合条件的高技能人才按规定授予五一劳动奖章、青年五四奖章、青年岗位能手、三八红旗手、巾帼建功标兵等荣誉，提高全社会对技能人才的认可认同。"

对于高技能人才而言，物质奖励固然重要，精神奖励同样不可或缺。明确国家级荣誉适当向高技能人才倾斜，能激励高技能人才投身技术创新，为社会进步贡献力量。

2. 案例分享："人民工匠"——许振超

2024年9月，许振超获得"人民工匠"国家荣誉称号。接过沉甸甸的荣誉奖章，许振超激动地说："这份荣誉是对我多年工作的肯定，更是对所有劳动者的激励，我将继续努力，发挥工匠精神，为国家的建设和发展贡献自己的力量。"

作为一线码头工人，许振超被颁授"人民工匠"国家荣誉称号，这不仅是对他个人成绩的肯定，更是对工匠精神的弘扬和对高技能人才的鼓舞，能激励广大产业工人在岗位上精益求精、追求卓越。

"咱当不了科学家，但可以做个能工巧匠，同样无愧于时代。"为了树立码头工人的新形象，许振超在每一个操作环节都精益求精，练就了"一钩准""无声响操作""15分钟排障"等拿手绝活，更深知团队建设和技艺传承的重要意义，先后培育了"王啸飞燕""刘洋神绳"等一大批港口工人品牌，一支支高素质、高效率的港口作业团队在他的带领下逐渐成长起来。

从一名普通的码头工人成长为行业楷模，许振超用自己的实际行动诠释了工匠精神的深刻内涵。"工匠精神，是一种对工作的热爱与执着，是一种对品质的追求与坚守，是一种不断创新与进取的精神"，许振超说。

拓展链接

徐清华：争做第一个吃"螃蟹"的人

"人民工匠"国家荣誉称号犹如一颗璀璨的明星，照亮了无数奋斗在一线的劳动者的心，激励着他们以许振超为榜样，弘扬工匠精神，在各自的岗位上奋力拼搏，为实现中华民族伟大复兴的中国梦而奋斗。

随堂活动

1. 个人思考

思考两个问题："针对职业教育的政策中，哪一条政策对我最有吸引力？""未来3年，我需要提升哪些技能？"

2. "技能树"共创

教师在黑板上绘制"技能树"，学生将个人思考的答案写在便利贴上，并将便利贴贴到"技能树"上。

实践活动

一、技能体验站

1. "巧手挑战"

折纸飞机（比纸飞机的飞行距离）、打绳结（比绳结的牢固度）。

2. "火眼金睛"

教师提供工具图和有误的电路图，学生识别工具的用途、找出电路图中的错误。

3. "技能模仿秀"

模仿厨师颠勺（用书本代替锅）、模拟汽车修理工检查汽车（教师提供简单工具）。

二、拓展调研

1. 采访一名本地高技能人才，了解其如何利用政策实现职业突破。

2. 设计一张"技能人才激励政策宣传海报"，要求突出技能人才可享受的核心福利及其申报路径。